# Werte und Wertebildung in Familien, Bildungsinstitutionen, Kooperationen

## Ein Inspirations- und Arbeitsbuch

Herausgeber:
Deutsches Rotes Kreuz e. V.,
Projektteam Wertebildung in Familien –
Annegret Erbes / Charlotte Giese /
Heribert Rollik

# Danksagung

Herzlich danken wir Franziska Henning, Johanna Möller und Barbara Tauber für ihre Beiträge zum Inspirationsteil dieses Buches und für die anregende und produktive Zusammenarbeit. Dem Bundesministerium für Familie, Senioren, Frauen und Jugend gilt unser Dank für die Förderung und die konstruktive Zusammenarbeit. Wir bedanken uns zudem bei allen anderen, die das Projekt „Wertebildung in Familien" über viele Jahre erfolgreich möglich gemacht haben.

**Dr. Annegret Erbes**
im Namen des Projektteams „Wertebildung in Familien"

Berlin, im November 2015

# Inhalt

Foto: Johanna Möller

# Teil B

## Fragen zum Fachbuch „Werte und Wertebildung“* und Zusatzmaterialien für die Wertereflexion



* Deutsches Rotes Kreuz e. V., Projektteam Wertebildung in Familien
(Annegret Erbes, Charlotte Giese, Heribert Rollik) (Hrsg.) (2013):
Werte und Wertebildung in Familien, Bildungsinstitutionen, Kooperationen.
Beiträge aus Theorie und Praxis. Berlin. Download unter *www.wertebildunginfamilien.de.*

# Ein Buch – zwei Teile

Wertebildung kann immer und überall stattfinden. Dieses Inspirations- und Arbeitsbuch enthält Ideen für den pädagogischen und familiären Alltag. Es spannt einen Bogen von der Praxis bis zu den theoretischen Grundlagen der Wertebildung. Zu diesem Zweck gliedert sich das Buch in zwei verschiedene Teile: Der Inspirationsteil richtet sich an Praktikerinnen und Praktiker, pädagogisches Personal und Eltern; der Arbeitsteil soll in erster Linie Studierende der Erziehungs-/Bildungswissenschaften und ähnlicher Fachrichtungen, aber auch interessierte Fachleute aus der Familienbildung ansprechen.

Foto: Johanna Möller

## Teil A: der Inspirationsteil

Teil A versammelt kreative Anregungen und hilfreiche Tipps insbesondere von kreativen Expertinnen für die praktische Arbeit mit Eltern und Kindern rund um die Themen Werte und Wertebildung. Es handelt sich hier überwiegend um kleine Ideen für Aktivitäten, die schnell, mit wenig Aufwand und ohne größere konzeptionelle Vorbereitung und Planung im Alltag verwirklicht werden können. Sie sollen pädagogische Fachkräfte inspirieren, Wertebildung neben besonderen Angeboten noch bewusster und niedrigschwelliger in den pädagogischen Alltag zu integrieren. Auch Eltern können die Ideen im familiären Alltag aufgreifen. Die Ideen zum Malen, Schreiben, Philosophieren und mehr laden zum Ausprobieren ein und sollen dazu anregen, die Tiefe des Themas mit Freude zu entdecken und auszuloten.

Ein kurzer Rückblick auf die Entstehungsgeschichte des Inspirationsteils: In der Praxisphase des Projekts „Wertebildung in Familien" entwickelten und erprobten pädagogische Expertinnen und Experten der Familienbildung Angebote mit dem Ziel, Eltern und Kinder für die Themen Werte und Wertebildung zu sensibilisieren. Im Mittelpunkt stand die Frage, wie man Eltern dabei unterstützen kann, ihre eigenen Werte in Bezug auf Erziehung und Zusammenleben zu reflektieren. Diese Angebote wurden im sogenannten Angebotsmanual gesammelt und auf der Projekthomepage *www.wertebildunginfamilien.de* veröffentlicht, damit alle Interessierten davon profitieren können. Parallel dazu ging es an den Praxisstandorten darum, Werte nicht nur durch diese Angebote, sondern durch den gesamten Geist der Institution erlebbar zu machen. Mit anderen Worten: Werte und Wertebildung sind ganzheitliche Themen, die nicht nur im Rahmen von speziellen Angeboten „behandelt" werden, sondern durchgängig in vielen großen und kleinen alltäglichen Aktionen und Interaktionen spontan thematisiert werden können und sogar müssen, weil sie sich gerade im Alltag sozusagen selbst vermitteln.

Genau dazu dienen die Ideen und Werkzeuge, die Johanna Möller, Franziska Henning, Barbara Tauber und Annegret Erbes im Inspirationsteil dieses Buches vorstellen: Kreative Tätigkeiten wie Malen, Philosophieren, Schreiben, Kennenlernspiele und vieles andere mehr sind besonders

„wert-voll“ – sie eignen sich ausgezeichnet dazu, Kinder und Erwachsene für das Thema Werte zu sensibilisieren und Reflexionen über Werte anzuregen. Dabei können einzelne Werte direkt thematisiert werden (zum Beispiel Hilfsbereitschaft), dies muss aber nicht der Fall sein. Es geht hier in erster Linie um ein gemeinsames Erlebnis, um Zeit, die miteinander verbracht wird, um überraschende und authentische Ergebnisse, die nicht zu bewerten und auch nicht zwingend zu verwerten sind, sondern einen Zugang zu sich selbst und zu anderen Menschen schaffen.

Welche Aktivitäten man auswählt, hängt allerdings immer von den Personen ab, die man ansprechen will. So kann es beispielsweise sein, dass ein Eltern-Kind-Schreibworkshop eher abschreckend auf Menschen wirkt, die aus unterschiedlichsten Gründen nicht gerne Texte schreiben. In dem Fall wären zum Beispiel Malaktionen der bessere Zugang. Daher ist es immer wichtig, ein möglichst breites Portfolio bereitzuhalten und die Angebote und Aktivitäten auf die Personen abzustimmen, die erreicht werden sollen. Die Fachkräfte in der Praxis wissen dies – wir auch!

## Teil B – der Arbeitsteil

Teil B bezieht sich auf den wissenschaftlichen Sammelband „Werte- und Wertebildung in Familien, Bildungsinstitutionen, Kooperationen. Beiträge aus Theorie und Praxis“, den das Projektteam „Wertebildung in Familien“ 2013 veröffentlicht hat. Da dieses Fachbuch gerade auch von angehenden Pädagoginnen und Pädagogen, zum Beispiel Studierenden, genutzt wird, lag die Entwicklung von begleitenden Arbeitstexten nahe. Die Verständnis- und Transferfragen zu Texten aus dem Fachbuch richten sich auf den theoretischen Hintergrund einer wertesensibilisierenden pädagogischen Praxis und unterstützen werdende Fachkräfte dabei, die Texte zu verstehen, sich mit ihnen auseinanderzusetzen und sich eine eigene Meinung zu bilden. Begründete und reflektierte eigene Standpunkte sind schließlich die Basis einer wertesensibilisierenden pädagogischen Praxis. Daher ist auch Platz vorgesehen, um wesentliche Thesen und eigene Gedanken zu notieren.

Die Reflexion eigener Werte auf Individual- und Teamebene wird in Theorie und Praxis durchgängig als Grundlage professionellen wertesensibilisierenden Handelns betrachtet. Daher werden im zweiten Kapitel des Arbeitsteils einige Werkzeuge zusammengefasst, die dies unterstützen können. Es handelt sich zum Teil um Elemente aus dem Angebotsmanual, die leicht variiert auch dazu geeignet sind, Reflexionen von pädagogischen Fachkräften zu unterstützen.

# Über das Projekt „Wertebildung in Familien"

Das träger- und weltanschauungsübergreifende Projekt „Wertebildung in Familien" startete 2008 als Praxisprojekt. Es wird seitdem vom Bundesministerium für Familie, Senioren, Frauen und Jugend (BMFSFJ) gefördert und in Trägerschaft des DRK Generalsekretariats realisiert. Ziel ist, insbesondere Eltern und Fachkräfte dafür zu sensibilisieren, wie Werte in Familien von Eltern an Kinder weitergegeben werden, und diesen Prozess zu unterstützen. Von 2008 bis 2013 entwickelten und erprobten dazu Familienbildungseinrichtungen in ganz Deutschland Angebote für Familien rund um die Themen Werte und Wertebildung. Die Arbeit an diesen Praxisstandorten wurde in zentralen Projektworkshops gemeinsam reflektiert, erfolgreich evaluiert und von Aktionen, Veranstaltungen und gezielter Öffentlichkeitsarbeit begleitet. Neben Angeboten für Familien entstanden später auch Fortbildungen zur wertesensibilisierenden Arbeit für andere Fachkräfte.

Die dauerhafte Sicherung und bundesweite Implementierung der Ergebnisse sowie die Verbreitung an die interessierte Fachöffentlichkeit waren von Beginn an wichtige Projektziele. Das schließt auch Studierende der Erziehungs-/Bildungswissenschaften und verwandter Fächer ein, auch sie möchten wir für die Themen Werte und Wertebildung begeistern. Neben der Verstetigung erfolgreicher wertesensibilisierender Ansätze an den Projektstandorten wurden eine Arbeitshilfe, ein Angebotsmanual und das Fachbuch „Werte- und Wertebildung in Familien, Bildungsinstitutionen, Kooperationen. Beiträge aus Theorie und Praxis" veröffentlicht. Auf der Projekthomepage stehen diese Produkte zum Download bereit.

Im Jahr 2014 schlug das Projekt „Wertebildung in Familien" einen neuen Weg ein: Wir starteten den virtuellen Dialog mit Eltern und Fachkräften in sozialen Netzwerken. Im Mittelpunkt steht das Thema Werte, neue Schwerpunkte wie Vereinbarkeit von Beruf und Familie oder „neue" Väter sind hinzugekommen. Die Projektveröffentlichungen, Kooperationen und Netzwerke sowie die Praxiserfahrungen bilden auch weiterhin die Basis unseres Projekts und das wesentliche Alleinstellungsmerkmal. Die Sensibilisierung von Eltern und Fachkräften für die Bedeutung von

Werten für Erziehung und Zusammenleben findet nun allerdings nicht mehr über Angebote für Eltern in Einrichtungen der Familienbildung statt, sondern über virtuelle Dialoge.

Die virtuellen Aktivitäten des Projekts werden seit 2014 von größeren und kleineren Veranstaltungen für Eltern und Kinder begleitet, um auch vor Ort Präsenz zu zeigen und auf unsere Aktivitäten im Netz aufmerksam zu machen. So haben sich beispielsweise kreative Mal- und Schreibaktionen rund um die Themen Werte, Erziehung und Zusammenleben als Zugang zu den virtuellen Projektaktivitäten bewährt. Das Projekt kooperiert hierzu punktuell mit kreativen Expertinnen und Experten, drei von ihnen kommen auch in diesem Inspirations- und Arbeitsbuch zu Wort.

*www.wertebildunginfamilien.de*

# A

# Kreative Ideen, Anregungen und Tipps zur Wertebildung

# A | 1 Malen

Malen eignet sich aus vielen Gründen ganz hervorragend als Medium, wenn es um die Themen Werte, Familie, Erziehung und Zusammenleben geht. Malen eröffnet unbegrenzte Möglichkeiten, sich mit einem Thema auseinanderzusetzen, und jedes gemalte Bild trägt eine eigene Handschrift.

**Was ist dabei wichtig und was hat das mit Werten zu tun?**

- Beim Malen nimmt man sich Zeit für sich selbst und – wenn gemeinsam gemalt wird – auch füreinander. Jenseits vom Ergebnis des kreativen Gestaltens ist das bereits ein wichtiger Wert an sich.
- Unterschiedliche Konstellationen sind möglich: Man kann allein oder zusammen malen, jede Person malt ein eigenes Bild oder alle zusammen gestalten ein gemeinsames Bild.
- Geht es mehr um den Prozess oder um das Ergebnis? Das bestimmt jede Person für sich.
- Erwachsene und Kinder sind thematisch frei! Man kann ein Thema wählen, das direkt mit Werten, Familie und Zusammenleben zu tun hat (zum Beispiel Wohlfühlen, Nähe), aber es können auch andere Themen sein, die individuell die Wertethematik berühren. Man kann sich vom gemeinsamen Alltag anregen lassen und eine Alltagssituation malen. Aber es können auch abstrakte, ja visionäre Themen sein.
- Jedes entstehende Kunstwerk ist etwas ganz Eigenes und Unverwechselbares.
- Und nicht zuletzt: Malen macht Erwachsenen und Kindern Spaß!

Die Möglichkeiten sind sehr vielfältig: **Johanna Möller** erklärt im Folgenden, worauf zu achten ist, und präsentiert eine kleine Auswahl spannender Ideen. Sie mögen dazu anregen, selbst aktiv zu werden und sich kleinere oder größere Malaktionen zu überlegen.

# Gemeinsam malen

Für kleine Kinder ist Malen noch ganz einfach: Sie greifen sich den nächsten Stift, holen sich ein Blatt Papier aus der Schublade und fangen an zu malen. Hier etwas, dort etwas, kurzes Betrachten und Innehalten, und in weniger als einer Minute ist das Bild schon fertig. Für Erwachsene ist es oft viel schwieriger, das einfache Malen zu initiieren. Im Folgenden sollen ein paar Tipps und kleine Anreize zum Malen und Kreativsein gegeben werden, die faszinierende und überraschende Ergebnisse bringen können.

Der Fokus liegt dabei auf gemeinsamen Mal- und Kreativaktionen. Wenn Eltern und Kinder zusammen etwas malen und gestalten, geht es um Augenhöhe und Balance: Zum einen agieren die Großen auf Augenhöhe mit den Kleinen. Zum anderen ist aber auch wichtig, an der richtigen Stelle Anregungen, Tipps und Impulse zu geben und Dinge auszuprobieren. Die Balance zu finden, etwas gemeinsam zu machen und trotzdem dem Kind Freiheiten zu geben – das ist die Herausforderung für Erwachsene beim gemeinsamen Malen mit Kindern.

Im Unterschied zu anderen gemeinsamen Spielsituationen gibt es beim Malen ein beabsichtigtes Endprodukt. Dabei kommt es darauf an, keine zu hohen Erwartungen an das entstehende Kunstwerk aufzubauen, sondern im Gegenteil Motivation und Spaß beim Malen zu fördern. „Wollen wir gemeinsam malen?“ kann eine andere Reaktion hervorrufen als „Willst du für Oma eine schöne Glückwunschkarte malen?“. Aber auch anfangs zögerliche Kinder machen meist eifrig mit, wenn erst mal losgelegt wird.

Es ist gut, die Aktion unter ein bestimmtes Thema zu stellen, das Eltern und Kinder gleichermaßen anspricht. Es kann mit dem Alltag zu tun haben und alle Beteiligten sollten sich unter dem Thema etwas vorstellen können. Familienbezogene Themen könnten beispielsweise gemeinsame

Erinnerungen, Wünsche oder glückliche Momente sein. Manchmal ist es sinnvoll, ein Thema zu präzisieren, damit Eltern und Kinder leichter Motive finden. Beim Malen gibt es keine Grenzen und mit dem richtigen Handwerkszeug können tolle Kunstwerke entstehen.

## Welche Utensilien brauchen wir?

Viel wichtiger als spezielle Materialien sind Zeit und Motivation, um gemeinsam zu malen oder kreativ zu sein. Auch mit einfachen Ideen, Stiften und Papier (und das kann auch Schmierpapier sein) kann man loslegen.

Wenn man mit Farben arbeitet, ist es gut, Platz zu haben. Dann kann man sich ausbreiten und die Bilder in Ruhe trocknen lassen. Malerfilz von der letzten Renovierung schützt den Boden vor Flecken, und ein altes T-Shirt oder Papas altes Hemd kann gut als Malerkittel dienen. Kleckse sind erlaubt und sehen cool aus.

Das leere Marmeladenglas wandert nicht in die Glastonne, sondern wird Behälter für Pinsel, die Kaffeebüchse wird zur Aufbewahrungsbox für allerlei Stifte. Pinsel und Leinwände gibt es manchmal sogar als Angebot im Supermarkt. Aber auch sonst sind Leinwände wirklich nicht so teuer, wie man denkt, und kleine Größen (etwa 20 mal 20 Zentimeter) sind charmant und eignen sich besonders gut, um gemeinsam kleine Serien anzufertigen.

Eine Alternative zu Papier und Leinwänden ist spezielles Acryl- oder Aquarellmalpapier im Block. Es hat eine schöne Struktur und bietet eine hochwertige Grundlage. Kinder lieben auch Skizzenhefte, zum Beispiel im Format DIN A4. So entsteht über die Zeit ein wunderbares Erinnerungsstück zum Anschauen – viel besser als eine Loseblattsammlung. Oder die Kinder basteln sich eine eigene Mappe, in denen die Kunstwerke aufbewahrt werden.

Die Farben sollten von guter Qualität sein. Als Grundstock sollte man Titanweiß, Zitronengelb (Primärgelb), Magenta (Primärrot), Cyan (Primärblau), gebrannte Siena und Eisenoxidschwarz haben, alles andere kann man leicht mischen. Farben reichen lange, man braucht auch für große Flächen weniger, als man zunächst annimmt. Wichtig ist, die Flaschen oder Tuben nach Gebrauch gut zu verschließen, damit die Farbe nicht austrocknet.

Als Mischvorlage eignen sich klein geschnittene Kartons. So müssen nach dem Malen keine Paletten ausgewaschen werden und die benutzten Kartons landen einfach im Altpapier.

Für Collagen kann man sich zum Beispiel von alten Zeitschriften und Bildbänden inspirieren lassen, die nach Lust und Laune zerschnitten werden können. Omas Glückwunschkarte lässt sich so beispielsweise mit Alpenblumen verzieren, die man auf den selbst gemalten Hintergrund klebt.

Fotos: Johanna Möller

## Was wollen wir malen?

### Abstraktes Zwei-Farben-Motiv

Zwei Personen malen gemeinsam ein abstraktes Bild, jede mit ihrer Lieblingsfarbe. Zu Beginn gibt es einige Abstimmungen über Raum und Muster, Abschnitte und Flächen: Wie passen die beiden Farben zueinander? Teilt man sich Flächen auf der Leinwand zu oder beginnt jede Person einfach an einer beliebigen Stelle und man schaut gemeinsam, was passiert? Vielleicht mischt man die Farben und erhält einen gemeinsamen dritten Farbton? Bei diesem Malspiel kann man viel über sich selbst erfahren. Das abstrakte Ergebnis zeigt zum Beispiel, wie viel Raum man selbst braucht und wie viel man abgeben kann.

### Zwei Vorderseiten

Ein dickerer Karton kann auch von beiden Seiten bemalt werden – das Kind bemalt die eine Seite, der Papa oder die Mama die andere. Beide malen auf ihre jeweilige Seite etwas zu demselben Thema. Das Bild kann dann wöchentlich umgedreht und die jeweilige Seite angeschaut werden.

### Sich gegenseitig blind malen

Eine einfache, schnelle und gemeinsame Aktion ist, sich gegenseitig zu malen, ohne aufs Papier zu schauen. Man sitzt sich gegenüber, ein leeres Blatt Papier vor sich und einen Stift in der Hand. Mit der freien Hand hält man ein Stück Pappe unter seine Nase, um nicht zu sehen, was man malt. Dann schauen sich die Zeichnerinnen und Zeichner gegenseitig an und starten mit dem Porträtieren. Lustige Ergebnisse und viel Spaß sind garantiert.

## Halbe Sachen

Selfies oder Porträtfotos der Familie werden auf circa 15 mal 15 Zentimeter skaliert und auf ein DIN-A4-Blatt gedruckt. Das Fotogesicht faltet man in der Mitte, sodass die Nase die Symmetrieachse bildet. Dann legt man die eine Hälfte des Porträts auf ein leeres Blatt Papier und fixiert es leicht mit Klebeband. Wer schafft es, die fehlende Gesichtshälfte zeichnerisch zu ergänzen? Eine schöne Familienserie lässt sich auf diese Weise anfertigen. Natürlich sind „halbe Sachen" auch mit anderen Vorlagen möglich.

## Spielzeug nachmalen

Kindern und auch Erwachsenen hilft es ungemein, eine Zeichenvorlage zu haben. Tiere zu malen, ist plötzlich viel einfacher, wenn man den kleinen Spielzeugelefanten, die Gummigiraffe oder den Teddy vor sich auf dem Tisch sieht. Einen Feuerwehreinsatz zeichnerisch festzuhalten, fällt nicht so schwer, wenn man sich die große Holzfeuerwehr genau anschauen kann. Genaues Hinsehen schult die Wahrnehmung, die Vorstellungskraft und das dreidimensionale Darstellen. Für größere gemeinsame Kunstwerke kann man vorher eine kleine Szene aufbauen und diese dann zeichnen.

Foto: Johanna Möller

## Mein Hut, der hat drei Ecken

Mit einem Hut oder einer anderen Kopfbedeckung lässt sich wunderbar in eine neue Rolle schlüpfen: Ob Zauberhut, Feuerwehrhelm oder Prinzessinnenschleier – die Verkleidung lässt Kinder oft über sich hinauswachsen. Eine Malermütze, einen Schleier, eine Clownskappe oder Ähnliches kann man schnell und einfach aus Papier zusammenkleben oder aus Stoffresten nähen. Den Hut mit Farbe anmalen – fertig! Um das Gemeinsame zu unterstreichen, am besten auch einen Hut für sich selber mitbasteln. Willkommen in der Welt der Geister, Piraten, Feuerwehr ...

## Ein Karton ist ...

Kinder lieben es, große oder mittelgroße Kartons „zwischenzunutzen": Haus, Höhle, Reisebett, Bude, Schiff, Anhänger, Garage, Versteck, Laden, Puppentheater – für Kinder kann ein Karton alles sein. Sie integrieren das, was sie sehen, in ihre tägliche Spielwelt. Natürlich muss der Karton noch nach Herzenslust verschönert werden: Fenster und Blumenkästen anmalen, eine Tür ausschneiden, Hausnummer anschreiben, Schiffstaufe mit Namen initiieren, sich auch mal in das Versteck quetschen, eine Innenseite malern, eine passende Szene ins Puppentheater malen – der Fantasie sind keine Grenzen gesetzt. Irgendwann ist der Karton dann so abgenutzt, dass man ihn ohne schlechtes Gewissen wegwerfen kann.

Foto: Johanna Möller

### Grüße aus der Nähe

Ebenfalls eine schöne Idee ist es, gemeinsam Postkarten zu basteln und diese dann innerhalb der Familie zu „verschicken". Mit einer Postkarte kann man vieles tun: etwas Wichtiges mitteilen, um Entschuldigung bitten, liebe Worte oder einen einfachen Gruß senden. Nötig ist lediglich einfacher Pappkarton, der auf Postkartengröße zugeschnitten wird. Die Rückseite wird für den späteren Text freigelassen, die Vorderseite darf bemalt und/oder beklebt werden. Einige von unzähligen möglichen Motiven: Sprüche oder einzelne Wörter in einer kunstvollen Schrift, nachgemalte bekannte Kunstwerke, mit selbst gemachten Korkenstempeln oder buntem Klebeband gestaltete Muster, Collagen aus Familienfotos, eine selbst entworfene Zeichnung.

### Familien-Gedächtnisspiel

Diese Aktion macht Spaß, und das Ergebnis kann später bei gemeinsamen Spieleabenden zum Einsatz kommen. Die Rede ist von einem selbst gemachten Gedächtnisspiel. Quadratische Blankokärtchen kann man im Papier- und Bastelladen kaufen oder selbst aus dickem Karton schneiden, ideal sind 32 Stück in einer Größe von sieben bis acht Zentimetern. Wer ein altes, nicht mehr benutztes Memory®-Spiel hat, kann die Karten auch einfach mit weißem Papier bekleben.

Nun nehmen sich zwei Personen jeweils eine Karte und bemalen sie zu einem vorher vereinbarten Thema. Themen können sein: Porträts der Familie; Lieblingseis; Küchengeschirr; das Haus, in dem man wohnt; Autos; ein Zug, um zu Oma zu fahren; Tiere im Zoo; alles, was zum Sonntagsfrühstück gehört; der Stuhl, auf dem man sitzt; Mamas Lieblingsblume; Muster, die man im Zimmer sieht; Symbole für die Jahreszeiten ... Schon einfache Zeichnungen genügen vollkommen, es gibt schließlich einige Karten zu bemalen. Es ist interessant zu sehen, wie unterschiedlich verschiedene Personen auf die gleichen Dinge blicken und wie unterschiedlich sie sie darstellen. Die beiden Karten eines Themas bilden später das Paar, das beim Spielen gefunden werden muss. So entsteht eine schöne Verbindung.

# Was machen wir mit all den Kunstwerken?

Was ist ein Kunstwerk? Das lässt sich weit definieren: Das Ergebnis jedes kreativen Prozesses ist Kunst. Etwas malen, kleben, reißen, falten oder schneiden ist ein individueller Ausdruck eines Menschen und kann eigentlich bereits als Kunst betrachtet werden. Wie unterscheiden wir, was mindestens einen Ansatz von Kunst bilden könnte und was uns eher belanglos erscheint? Darauf hat wohl jeder Mensch seine eigene Antwort. Auch die Art, wie wir mit einem fertigen Objekt umgehen, hat eine Bedeutung. So machen bereits der Name und das Datum auf dem Malblatt einer Zweijährigen die eckigsten Kreise zu einer Erinnerung, die vielleicht doch den Weg in die Malmappe und nicht in den Papierkorb findet. Vielleicht verfolgen Eltern damit die Hoffnung, später in den Bildern etwas lesen zu können oder Hinweise zu erhalten, die ihnen oder den Kindern selbst etwas geben. Man kann die kleinen Künstlerinnen und Künstler auch nach der Bedeutung ihrer Bilder fragen und sich eine Notiz auf das Blatt machen. Größere Kinder können ihren Werken selbst einen Titel geben.

### Galeriewand

„Das da habe ich gemalt“, verkündet Theodor stolz seiner Mutter. In jeder Kita ist ein Platz, an dem fertige Bilder aufgehängt werden können, denn nichts ist wertschätzender für die kreativen Kinder. Auch im Kinderzimmer oder an anderen geeigneten Stellen in der Wohnung sollte Platz für kleine oder große Kunstwerke sein. Manchmal reicht auch schon ein Magnet, mit dem das Bild an den Kühlschrank geheftet wird, damit alle es jederzeit sehen können.

## Der Rahmen

Auf Flohmärkten, in Trödelläden oder in Internetbörsen kann man nach Bilderrahmen Ausschau halten. Ein gerahmtes Bild hebt sich von denen ab, die einfach mit einem Stück Tape an die Wand geklebt werden. Der Aufwand ist etwas größer und deshalb ist es gut, immer ein paar alte Rahmen im Haus zu haben, um wirklich schöne Bilder zu würdigen. Eine Alternative zu einem großen Bild sind viele kleine Bilder, die man bunt und durcheinander an eine geeignete Wand hängen kann. Wer hin und wieder ältere Bilder durch neu gemalte austauscht, kann noch mehr Abwechslung an die Wand bringen.

Foto: Johanna Möller

# **Malen:** Eigene Ideen

# A | 2 Philosophieren

Ist philosophieren eigentlich schwer? Oder ist es ganz leicht? Beides! Und jede/-r kann es, ohne Bildungs- und Altersgrenzen. Man muss sich dabei eigentlich nur auf ein Thema einlassen, und dann geschieht es wie von selbst: Nicht andere bewerten, ob man gerade philosophiert hat, sondern man bemerkt selbst, dass man gerade einen Gedanken hatte, der einem irgendwie grundlegend und wichtig erscheint, oder dass man über etwas nachdenkt, das einem selten in den Kopf kommt oder vielleicht sogar verrückt erscheint.

**Was ist wichtig, wenn man mit Kindern oder sogar mit Kindern und Eltern philosophieren will, und welchen Zugang eröffnet Philosophieren zu Werten?**

- Es muss für Kinder und Eltern spürbar sein, dass Denken Spaß machen kann – die Lust auf eigenes Denken und Argumentieren soll gefördert werden.
- Sich alleine oder zusammen Gedanken machen und sich die Zeit dafür nehmen, ist immer schon ein Wert an sich.
- Thematisch ist man frei! Oft geht es beim Philosophieren direkt um Wertefragen – auch wenn der Begriff nicht direkt auftaucht –, aber manchmal auch um ganz andere Dinge. Wenn Themen gesetzt werden, können diese aus dem individuellen Alltag von Eltern und Kindern kommen oder allgemein alltagsbezogen sein. Es können aber im Gegenteil auch sehr abstrakte Themen sein, über die man zusammen philosophiert!
- Es findet keine Bewertung im Sinne von gut oder schlecht, richtig oder falsch statt! Alles, was entsteht, ist gut.

Im folgenden Beitrag umreißt **Franziska Henning** die wichtigsten Fragen zum gemeinsamen Philosophieren mit Kindern und Erwachsenen und zeigt, wie sich geplante gemeinsame, aber auch spontane Nachdenkgespräche gestalten lassen. Die Fülle an Ideen liefert eine gute Basis, um die Möglichkeiten des Philosophierens auf eigene Faust auszuloten und auf individuelle Kontexte zuzuschneiden.

# Philosophieren stärkt die Persönlichkeitsentwicklung

Jeder Mensch philosophiert. Im Alltag, in Krisensituationen und insbesondere in überraschenden Momenten philosophieren wir intuitiv über uns und unser Leben. Es ist eine uralte menschliche Tätigkeit und besonders eindrucksvoll bei Kindern zu beobachten. Gerade im Kindergartenalter erkunden Kinder ihre Umwelt nicht mehr nur sinnlich, sondern beginnen, sich auch intellektuell mit ihr auseinanderzusetzen. Und doch löst das Wort „Philosophieren" manchmal bei Erwachsenen Irritationen und Hemmungen aus. Warum ist das so?

Viele Menschen meinen, dass die Philosophie für ihr Leben keine große Rolle spiele, denn gerade im Alltag scheint sie weit weg zu sein. Doch das Gegenteil ist der Fall. Dieser Beitrag möchte zeigen, wie Eltern und pädagogische Fachkräfte das Philosophieren mit Kindern in den gemeinsamen Alltag integrieren können und dass Philosophieren im ureigenen Sinn mit Wertebildung zu tun hat.

Der Berliner Kinderphilosoph und Pädagogikprofessor Hans-Ludwig Freese hat einmal gesagt, dass philosophische Fragen und Probleme viel zu wichtig und interessant seien, um sie den Philosophen allein zu überlassen, denn sie gingen uns alle etwas an.[1] Philosophische Fragen sind jene, die die Bedeutung hinter den Dingen, den Sinn des Lebens und die menschliche Existenz ergründen. Wer möchte zum Beispiel nicht wissen, woher der Mensch und die Welt kommen, warum er/sie dieses Leben lebt, woran sich ein gutes Leben messen lässt und was nach dem Tod geschieht?

Kinder stellen diese Fragen früher oder später ganz selbstverständlich, und jedes Elternteil wie auch jede pädagogische Fachkraft erinnert sich an unzählige Situationen, in denen ihnen Kinder die berühmten Löcher in den Bauch gefragt haben. Denn die kindliche Sicht auf die Welt ist im positiven Sinne naiv, also unverbraucht und unverstellt. Kinder sind deshalb so neugierig, weil für sie alles neu und unbekannt ist. Ihr Erkundungswille drängt danach, sich die Welt, in der sie sich erst langsam zurechtfinden, zu erschließen. So wollen Kinder nicht nur die ganz großen Fragen des Lebens beantwortet wissen, sondern stellen auch gern welche, die sich in erwachsenen Ohren eher merkwürdig anhören: Wenn man den Körper auswechseln könnte, würde jemand den eigenen wählen? Was machen Sterne tagsüber? Hat Gott die Welt gemacht, weil ihm allein so langweilig war?

Und Erwachsene? Haben sie nicht auch noch viele Fragen an das Leben? Die tiefgründigen Fragen, die wir uns meist schon als Kind gestellt haben, bleiben schließlich oft genug unbeantwortet. Hier schlägt das Philosophieren mit Kindern eine Brücke: zwischen Kindern, die ernsthafte Fragen stellen, und Erwachsenen, die mit Kindern gemeinsam auf Augenhöhe diesen Fragen nachgehen und genauso wie Kinder neugierig sind auf ungewöhnliche Gedankengänge.

Eltern und pädagogische Fachkräfte sollten Kindern dabei mit einer offenen Haltung begegnen und ihre Fragen als etwas Wertvolles begreifen. Kinder fordern zwar nach Antworten, sollten diese aber nicht immer einfach vorgesetzt bekommen. Im Gegenteil ist es für sie eine wichtige Erfahrung, wenn sie die Gelegenheit erhalten, ihre eigenen Antworten spielerisch und im Dialog herauszufinden. Nicht nur, weil der Erkenntnisgewinn in diesem Moment am höchsten ist, sondern auch weil das Selbstdenken beim Philosophieren das Selbstbewusstsein der Kinder stärkt.

Mit anderen Worten: Philosophieren ist Bildung, weil es das Denken ausbildet. Hans-Ludwig Freese sieht im Philosophieren einen großen Wert, denn „[w]er früh die Chance hat, sich mit schwierigen Fragen zu beschäftigen, legt damit die Grundlage für vieles, was später in der Schule oder danach wichtig wird“.[2] Im Philosophieren Geübte treten schwierigen Fragen gegenüber mit einem anderen Selbstbewusstsein auf. Wer in einem toleranten Klima aufgewachsen ist, begreift die Welt als einen multikulturellen Ort, an dem es viele Meinungen gibt. Auch deshalb fällt es diesen Kindern später leichter, andere Sichtweisen zu akzeptieren, die ihnen selbst unter Umständen fremd erscheinen. Wissensdurst und kindliche Neugier sollten deshalb früh gefördert werden. Hierfür ist eine offene Haltung der Eltern und der pädagogischen Fachkräfte die Grundvoraussetzung.

## Settings von Nachdenkgesprächen

Wie kann die Praxis des Philosophierens nun konkret aussehen und in den Alltag der Familien eingebunden werden? Hier sind zunächst einmal zwei Formen denkbar: spontane Nachdenkgespräche und geplante Gesprächskreise. Für beide Settings gilt: Wer philosophiert, braucht Ruhe und Muße zum Denken – und die sind am besten in vertrauter und geschützter Umgebung gegeben.

Foto: Johanna Möller

Das *spontane Philosophieren* mit Kindern ergibt sich meist in einer konkreten Situation, zum Beispiel wenn ein Kind eine Frage stellt, die sich als Ausgangspunkt für ein kleines Nachdenkgespräch eignet. Um eine Antwort nicht vorschnell zu geben, reicht es manchmal aus, die Frage an das Kind zurückzugeben und nach seiner Meinung zu fragen. Auch Zweifel anzubringen oder für einen Augenblick den Gesprächsgegenstand in sein Gegenteil zu kehren, kann den Fortgang eines philosophischen Gedankengangs positiv beeinflussen. Typische Gesprächseinleitungen in diesem Fall sind „Glaubst du das wirklich?“, „Stell dir vor, dass ...“ oder „Was wäre, wenn ...?“. Erwachsene können bei passender Gelegenheit auch selbst die Initiative zu einem spontanen Nachdenkgespräch ergreifen: Entdeckt ein Kind beispielsweise in der Natur kuriose Dinge oder auch ein totes Tier, kann es geradeheraus gefragt werden, was es über ein bestimmtes Thema oder eine ungewöhnliche Situation denkt: „Wie mag dieser Gegenstand hierhergekommen sein?“, „Was passiert wohl nach dem Tod?“ Die Antworten verblüffen nicht selten.

Pädagogische Fachkräfte einer Familienbildungseinrichtung oder Kindertagesstätte können Kinder und auch deren Eltern zu einem philosophischen Gesprächskreis einladen. Vorab sollte man sich intensiv über den Teilnehmerkreis, den Ort, die Zeit und die Dauer sowie den ungefähren Ablauf Gedanken machen. Die wichtigsten Hinweise dazu seien im Folgenden skizziert.

## Wer kann teilnehmen?

Eine Gesprächsrunde allein mit Kindern oder gemeinsam mit Kindern und Eltern – beides ist möglich. Die Gruppengröße sollte zehn Personen nicht übersteigen und bezogen auf die Kinder in etwa altershomogen sein: So philosophieren zum Beispiel Drei- und Vierjährige oder Fünf- und Sechsjährige besser zusammen als Drei- bis Sechsjährige. Ist die Altersspanne zu groß, kann es passieren, dass die Jüngsten den Großen nicht folgen können und dann unruhig werden.

Wenn Eltern an den philosophischen Gesprächen teilnehmen, können sich Kinder und Eltern jenseits des Alltagslebens ganz neu kennenlernen. Die Gespräche ermöglichen neue Sichtweisen auf ihre Personen und ihr Zusammenleben, vielleicht sogar neue Kommunikationswege zur Lösung von Problemen. Allerdings sollten die Kinder immer damit einverstanden sein, mit Erwachsenen zusammen zu philosophieren. Manche Kinder fühlen sich weniger frei, ihre Gedanken und Gefühle zu äußern, wenn zum Beispiel ihre Eltern mit anwesend sind.

Philosophieren ist unabhängig vom Bildungshintergrund eines Menschen! Auch Eltern aus einem eher bildungsfernen Milieu einzuladen, kann ein großer Gewinn sein. Im wertschätzenden Klima des philosophischen Gesprächskreises lassen sich so neue Sichtweisen entdecken und eigene Perspektiven benennen.

## Der richtige Ort, die richtige Zeit

Philosophiert werden kann prinzipiell an jedem Ort, der eine ruhige Atmosphäre und wenig Ablenkung bietet. Das kann der Aufenthaltsraum, der Frühstückstisch in der Küche, die Wiese hinter dem Haus oder der Hinterhof sein. Eine bekannte Umgebung, vertraute Menschen und eine angenehme, wohlwollende Atmosphäre fördern das gemeinsame Nachdenken und Philosophieren.

Auch der Zeitpunkt sollte gut überlegt sein. Ein regelmäßiger Termin, etwa alle 14 Tage an einem bestimmten Wochentag zu einer festen Uhrzeit, schafft Routine. Die Kinder brauchen in der Regel ein paar Einheiten, um den Unterschied zum alltäglichen Austausch oder zum Beispiel zum Morgenkreis zu bemerken. Die Mädchen und Jungen sollten außerdem ausgeruht sein oder vorher Zeit zum Auspowern haben (ohne danach übermäßig erschöpft zu sein).

Die Dauer einer Einheit kann gerade beim Philosophieren mit jüngeren Kindern sehr unterschiedlich sein. Zu Beginn sind 10 bis 20 Minuten für einen Gesprächskreis realistisch. Mit der Zeit kann sich die Dauer auf 30 bis 45 Minuten steigern. In der Regel können sich auch schon Vierjährige eine halbe Stunde lang konzentrieren und für das Philosophieren begeistern.

## Wie kann ein philosophischer Gesprächskreis ablaufen?

Sinnvoll ist es, vor dem Gesprächskreis einen kleinen Ablaufplan für jede Einheit zu erstellen und vor allem einen ritualisierten Einstieg, Impulsfragen und den Abschluss zu überlegen.

Der richtige *Einstieg* ist sehr wichtig, um das Interesse der Kinder zu wecken. Ein wiederkehrendes Ritual, zum Beispiel das Anzünden einer Kerze oder das gemeinsame Singen eines Liedes, stimmt auf das gemeinsame Philosophieren ein. Anschließend kann man die Gesprächsregeln mit der Gruppe besprechen.

Mit vorab notierten *Impulsfragen* lässt sich das Nachdenkgespräch in verschiedene Richtungen lenken (siehe die Fragen in den zehn Beispielen weiter unten). Gerade am Anfang ist es gut, mit Impulsfragen das Gespräch am Laufen zu halten. Zwar lässt sich über jedes Thema philosophieren, doch sollte jeder Gesprächskreis einen klar bestimmten Fokus haben. Zum Beispiel könnte sich eine Einheit der Frage nach dem Glücklichsein widmen: Was alles macht glücklich? Möglicherweise geht es während des Gesprächs plötzlich darum, wie sehr Urlaub glücklich machen kann. Dann kann es passieren, dass sich die Kinder gern in Urlaubserinnerungen verlieren. Das ist zwar auch wichtig, weil gerade beim Philosophieren mit jüngeren Kindern an ihre konkreten Lebenserfahrungen angeknüpft werden sollte. Die Kinder brauchen aber auch immer wieder einen Hinweis, dass es noch um die allgemeine Frage geht, was glücklich macht.

Als *Abschlussritual* kann zum Beispiel ein Gegenstand herumgegeben werden. Jedes Kind oder Elternteil, das es in Empfang nimmt, sagt dann zum Beispiel, wie ihm der Gesprächskreis gefallen hat.

## Was bringt gemeinsames Philosophieren?

Das gemeinsame Philosophieren ist eine besondere Art des Miteinanderredens. Es geht darum, ein Thema aus so vielen Perspektiven wie möglich zu betrachten. Anders als in alltäglichen Unterhaltungen sprechen hier Menschen in einer Weise miteinander, wie sie es gewöhnlich nicht tun; es sei denn, sie sind zusammen geübt darin.

Bei regelmäßigen philosophischen Gesprächskreisen bekommt das Nachdenken einen besonderen Stellenwert, auch weil es in der Gruppe stattfindet. Die Kinder erfahren den Wert einer anspruchsvollen Gesprächskultur, in der ihre Gedankenwelt nicht reglementiert wird. Sie erkennen, dass man nicht immer einer Meinung sein muss und dass Streiten zum Leben dazugehört. Das Philosophieren wirkt sich so positiv auf den Zusammenhalt der Gruppe aus.

Der gemeinsame Austausch ist jedoch nicht nur für die Gruppe sehr wichtig. Durch die Erfahrung im geschlossenen Gesprächskreis werden Kinder souveräner im Denken und mutiger, philosophische Gedanken im Alltag zu äußern – auch gegenüber anderen Kindern. Es kommt durchaus vor, dass die Kinder Gesprächsinhalte selbst noch einmal zu einem anderen Zeitpunkt aufgreifen und zu zweit oder mit mehreren weiterbesprechen.

Werte wie Offenheit und Rücksicht, die große Bedeutung für das Zusammenleben haben, werden beim Philosophieren gestärkt. So ist das gemeinsame Philosophieren von Kindern und Eltern im Kindergarten ein wichtiger Beitrag für eine tolerante Gesellschaft, die nicht nur den Wert des Füreinander-da-Seins thematisiert, sondern ihn auch lebt.

## Zehn Fragen, über die sich gut zusammen philosophieren lässt

Die folgenden zehn Fragen sind als thematische Ansätze für Gruppengespräche rund um die Themen Werte, Familie und Zusammenleben gedacht. Sie eignen sich sowohl für Gesprächskreise mit Kindern als auch für Gesprächskreise mit Kindern und Eltern.

### Warum bin ich ich und nicht du?

So könnte eine Initialfrage zum Thema äußerliche und charakterliche Unterschiede und Gemeinsamkeiten lauten. Als Einstieg bietet sich ein Wahrnehmungsspiel an. Die Teilnehmerinnen und Teilnehmer benennen äußerliche Gemeinsamkeiten wie „Wer trägt eine Jeans?". Alle, auf die die Gemeinsamkeit zutrifft, stehen auf. Nach und nach zeigen sich dadurch Gemeinsamkeiten und Unterschiede. Impulsfragen nach dem Spiel könnten sein:

- Gibt es etwas, das alle Menschen gemeinsam haben?
- Warum sind alle Menschen verschieden?
- Was haben nur Eltern und Kind im Unterschied zu anderen gemeinsam?
- Warum ist Anderssein wichtig?
- Warum leiden Menschen manchmal darunter, dass sie anders sind?

### Wer hat sich die Familie ausgedacht?

Beim Thema Familie ist es wichtig, die Familienkonzepte sehr sensibel zu thematisieren. Eine Idee wäre, ein Familienfoto aller Familienmitglieder zu malen. Danach könnte man über folgende Fragen sprechen:

- Wer gehört alles zur Familie?
- Sind es nur Menschen, die zu einer Familie gehören?
- Wen würdest du gerne zusätzlich in deiner Familie haben?
- Was ist das Schöne an einer Familie?
- Wie sieht ein perfekter Tag mit deiner ganzen Familie aus?

**Wo kann man überall zu Hause sein?**

In einem Gedankenexperiment lässt sich gut erschließen, dass Menschen in unterschiedlichster Art und Weise ein Zuhause haben können.

- Welche Formen eines Zuhauses kann es geben?
- Wie sieht es dort aus?
- Ist das Zuhause in allen Ländern gleich? Oder bei allen Familien?
- Was brauchst du selbst, um dich zu Hause zu fühlen?

Alle, die mitmachen, entscheiden sich für eine Sache, die sie jeweils als wichtig für ihr Zuhause finden, und malen dazu ein Bild.

**Kann man mit seinen Eltern befreundet sein?**

Die Frage muss sensibel vorbereitet werden. Zunächst sollte daher das Thema Freundschaft angesprochen werden:

- Was ist ein Freund?

In der Runde werden Merkmale gesammelt. Lässt sich eine wichtigste Eigenschaft ausfindig machen?

- Was macht man mit einem Freund?
- Redet man mit einem Freund über alles oder darf man in einer Freundschaft auch Geheimnisse haben?
- In welcher Situation sind Kind und Eltern Freunde?

Auf einem Bild wird so eine Situation festgehalten.

**Warum träumen wir?**

Zu Beginn überlegen sich Elternteil und Kind gemeinsam ein sogenanntes Teekesselchen, das die anderen erraten. Dann kann zu dem Teekesselchen „Traum" hingeleitet werden: Ein Traum ist zum einen ein sehr starker Wunsch und zum anderen ein Erlebnis beim Schlafen.

- Wenn es einen Wunschbrunnen geben würde, welchen Wunsch sollte er erfüllen?

- Kann man wunschlos glücklich sein?
- Welchen Wunsch könnten Eltern und Kind sich gegenseitig erfüllen?

**Was würde passieren, wenn Eltern und Kinder ihre Rollen tauschten?**

Kinder und Eltern bilden je eine Gruppe. Ihnen werden Fragen gestellt, die sie zunächst unter sich klären:

- Wie würde sich die neue Rolle anfühlen?
- Was würde sich im Alltag in ihrer neuen Rolle ändern?
- Gibt es Regeln, die sie einführen oder abschaffen würden?
- Was würden sie auf Dauer an ihrer echten Rolle vermissen?
- Ist die echte Rolle vielleicht besser als die neue?

Zum Schluss werden die Gedanken gemeinsam in der Gruppe ausgewertet.

**Wie lange dauert Glücklichsein?**

Zu Beginn stellt jede Person einen Gegenstand vor, den sie mitgebracht hat. Das Thema Glück wirft dann ganz verschiedene Fragen auf, zum Beispiel:

- Kann man allein glücklich sein?
- Warum lässt sich Glücklichsein so schwer planen?
- Lässt sich Glück zum Beispiel durch Gegenstände oder Rituale beeinflussen?
- Warum machen so unterschiedliche Dinge Menschen glücklich?
- Wie lange dauert Glücklichsein?

**Wofür sind eigentlich Gefühle da?**

Glücklichsein ist nur eines von vielen Gefühlen. Welche gibt es noch? Reihum geht ein Gegenstand, zum Beispiel ein Stein. Wer dran ist, nennt ein Gefühl, das ihm noch einfällt. Es werden so viele Gefühle wie möglich gesammelt. Danach sucht sich jede Person eines der genannten Gefühle aus und stellt es pantomimisch dar. Die anderen müssen das Gefühl erraten. Die Pantomime veranschaulicht buchstäblich ein großes Spektrum an Gefühlen.

- Doch warum gibt es Gefühle eigentlich?
- Wäre das Leben leichter, wenn wir nicht ständig unterschiedliche Gefühle hätten?
- Welches Gefühl mögen die teilnehmenden Personen besonders?
- Und welches mögen sie gar nicht?

**Wie wäre es, wenn sich niemand mehr streiten würde?**
Häufige Streitauslöser im Kindergarten- oder Familienalltag werden den Teilnehmerinnen und Teilnehmern ins Gedächtnis gerufen. Anhand der folgenden beispielhaften Fragen eröffnen sich konkrete Lösungswege für zukünftige Situationen.

- Warum kommt es immer wieder zu Streit?
- Was hat jeder Beteiligte vom Streiten?
- Was würde passieren, wenn einem die Stimme versagte, sobald man zu streiten anfinge?

**Darf man Tiere essen?**
Viele Familien haben Haustiere. Ein Ratespiel über das eigene Haustier oder das Lieblingstier stimmt spielerisch auf das Thema ein. Es könnten auch Katzenzungen aus Schokolade verteilt werden, um anschließend in die Runde zu fragen:

- Ist es richtig, dass wir Tiere essen?

Oft entzündet sich speziell an dieser Frage eine Grundsatzfrage, wie wir mit domestizierten Tieren umgehen. Fragen, die sich ergeben können, sind:

- Können Tiere fühlen?
- Macht es Tieren etwas aus, dass wir sie zum Beispiel in Käfigen halten?
- Würden Tiere uns in gleicher Weise behandeln, wie wir es zum Teil mit ihnen tun?

# **Philosophieren:** Eigene Ideen

# A | 3 Schreiben

Beim kreativen Schreiben geht es nicht darum, lange Aufsätze zu verfassen oder fehlerfrei schreiben zu lernen. Im Gegenteil ist der Sinn, das Schreiben als kreatives Werkzeug einzusetzen – und der Fantasie sind dabei keine Grenzen gesetzt. Damit das gelingt, werden kleine Aufgaben als Schreibanreize gegeben und dann schaut man einfach, wohin die Gedanken gehen. Bei Festen, Aktionen oder auch im Alltag lassen sich kleinere und größere Schreibeinheiten rund um unsere Themen Werte, Erziehung, Familie, Zusammenleben einplanen – vielleicht sogar mit den Eltern zusammen?

**Einige Tipps und Hinweise zum kreativen Schreiben**

- Das Medium Schreiben, die Themen und die Schreibanreize müssen zu den angesprochenen Eltern und Kindern passen. Für Personen, für die das Schreiben an sich schon eine Barriere darstellt, sollte ein anderer Zugang gewählt werden.
- Allen Teilnehmenden muss vermittelt werden, dass die Ergebnisse nicht bewertet werden – dass es kein Gut oder Schlecht gibt, sondern dass alles, was entsteht, angenommen wird.
- Aktionen mit Eltern und Kindern zusammen sind besonders wertvoll, weil Eltern und Kinder gemeinsam Zeit verbringen und zusammen etwas erschaffen, das sie mit nach Hause nehmen können.
- Ziel ist nicht, viel zu reden oder zu denken, sondern sich anregen zu lassen und dann zu schauen, was passiert, genau wie beim Malen. Vielleicht geschehen die Dinge sogar einfach aus dem Bauch heraus.
- Beim kreativen Schreiben lässt sich auch die Erfahrung machen, dass man mit Sprache einfach spielen kann.
- Vielleicht kommen Eltern und Kinder oder aber auch Kinder und Kinder gemeinsam zu Gedanken, auf die sie sonst nicht gekommen wären.
- Schreibaktionen setzen ein bestimmtes Alter der Kinder voraus, lassen sich aber hervorragend je nach Alter variieren.

**Barbara Tauber** stellt im Folgenden ein breites Spektrum an Schreibideen vor, die auf Werte wie Familie, Gerechtigkeit, Toleranz, Mut oder Freundschaft Bezug nehmen (können). Auch hier gilt: Der Fantasie, weitere Schreibideen zu entwerfen, sind keine Grenzen gesetzt.

## Familie

### Ich-Buch

Ein Ich-Buch unterstützt Kinder dabei, ihre persönlichen Eigenschaften zu entdecken und zu erkennen, was an ihnen ganz besonders ist. Mit dem Ich-Buch können Kinder sich selbst auf spielerische Weise zum Ausdruck bringen – der Kreativität sind dabei keine Grenzen gesetzt. So kann das Kind zum Beispiel beschreiben, wie es aussieht (Haarfarbe, Augenfarbe, besondere Merkmale), es kann von seinen Erlebnissen und Wünschen erzählen, seine Hobbys, Lieblingsfarben, Lieblingstiere und seine Freunde vorstellen. Die Konturen der Hand können nachgezeichnet und bunt ausgemalt werden, man kann einen Stammbaum der Familie (siehe unten) malen, Fotos von sich und dem, was man gerne macht, einkleben und vieles mehr.

### „Ich mag"-Karten

Was mögen Kinder an ihrer Mutter, ihrem Vater, ihrer Oma, ihrem Opa, ihren Geschwistern? Darüber denkt man im Alltag meist viel zu wenig nach. „Ich mag"-Karten sind für Kinder eine tolle Gelegenheit, sich das, was sie an ihrer Familie konkret wertschätzen, bewusst zu machen. Zunächst werden Karten aus Pappe oder dickem Papier ausgeschnitten. Auf die eine Seite schreibt das Kind den Namen des Familienmitglieds, auf die andere Seite, was es an der jeweiligen Person mag. „Ich mag"-Karten eignen sich übrigens auch hervorragend als Geburtstags- oder Weihnachtsgeschenk.

## Diktiert und aufgeschrieben

Ein Erwachsener lässt sich eine Geschichte von einem Kind diktieren. Dabei ist Geduld wichtig sowie das Vertrauen, dass dem Kind schon etwas einfällt. Meist genügen wenige stille Minuten und das Kind beginnt zu erzählen. Falls es wirklich nicht mehr weiterweiß, kann man ihm Anregungen geben. In den meisten Fällen wird man aber feststellen, dass das Kind diese Vorschläge nicht annimmt, sondern sich an ihnen reibt und zu seinen eigenen Ideen findet.

## Briefe wie anno dazumal

Briefe schreiben kann so schön sein und wird doch immer mehr als altmodisch angesehen. Kinder schreiben gerne Briefe. So kann man anregen, einen Brief an die Oma zu schreiben. Das Papier kann zunächst am Rand durch schöne Zeichnungen verziert werden, und dann geht's mit dem Schreiben los. Anschließend wird der Brief in einen Umschlag gesteckt, mit einer Briefmarke versehen – und ab geht die Post.

## Stammbaum malen

Woher komme ich? Diese Frage beschäftigt Kinder wie Erwachsene seit Menschengedenken. Man kann mit Kindern zusammen einen Stammbaum malen. Hierzu können die Kinder ruhig einen richtigen Baum malen. In die erste Verzweigung nach dem Baumstamm malt das Kind sich selbst oder schreibt seinen Namen darauf. Wenn es Geschwister hat, werden ihre Namen auf die Äste daneben eingetragen. Von diesen Zweigen gehen neue Zweige aus, ein Zweig für die Mutter, einer für den Vater. Das setzt sich für weitere Generationen fort, und Ast für Ast entsteht so eine Baumkrone mit dem Bild der ganzen Familie.

**Bücher nähen**

Besondere Bücher eignen sich hervorragend für alles, was einem lieb und teuer ist. Geschichten, die das Familienleben schreibt, können zum Beispiel in einem selbst genähten Buch festgehalten werden. Man braucht dafür ein Blatt weißen oder farbigen Karton im DIN-A4-Format und einige Blätter normales DIN-A4-Papier, einen kleinen Handbohrer, eine Nadel und einen Faden. Die Blätter werden zusammengelegt und in der Mitte gefaltet. Das dickere Papier liegt außen und bildet den Umschlag. Dann bohrt man mit dem Handbohrer fünf Löcher in die Falte. Nun wird die Nadel in das mittlere Loch gestochen, von hier aus wird nach außen genäht – erst unten herum, dann oben herum, dann zurück, unten und wieder oben herum. Genauso verfährt man noch einmal in die andere Richtung. Wenn man das zweite Mal in der Mitte angelangt ist, wird der Faden verknotet und fertig ist das Buch! Nun kann der Umschlag noch dekoriert werden – mit originellen Schriftzeichen, selbst gemalten Bildern oder erfundenen Texten.

Foto: Wertebildung in Familien/DRK

# Freundschaft

## Freundebuch

In einem Freundebuch können Kinder ihre Freunde „sammeln". Hierzu eignet sich sehr gut ein selbst genähtes Buch (siehe oben) oder ein Blankobuch, das man kauft und individuell von außen gestaltet. Nun können die Kinder losziehen und sich gegenseitig etwas in ihr Buch malen oder schreiben. Sie können zum Beispiel aufmalen, was sie gemeinsam unternehmen: wie sie zusammen Fußball spielen oder in der Leseecke in einem Buch blättern. Sie können hineinschreiben, wie sie sich kennengelernt haben oder was sie miteinander verbindet – vielleicht sind sie zusammen in einer Theatergruppe oder wohnen in derselben Straße. Es sind vielfältigste Variationen denkbar! Ein eingeklebtes Foto von der Freundin oder dem Freund sollte am besten auch nicht fehlen. So können Kinder ihre Freunde immer bei sich tragen.

## Freundschaftsmobile

Ein Mobile ist eine gebastelte Skulptur, die sich durch den Luftzug bewegt. Man benötigt Fotos von seinen Freunden, festes, buntes Papier, Nadel und Faden sowie einen Stock (zum Beispiel einen abgebrochenen Ast aus dem Wald). Den bunten Karton schneidet man in unterschiedlichen Formen aus und klebt das Foto auf die eine Seite. Auf die Rückseite kann man schreiben, was man an seinem Freund oder seiner Freundin toll findet. Mit Nadel und Faden werden nun kleine Löcher in die Kärtchen gestochen, damit man sie mit einem dünnen Seidenfaden am Stock befestigen kann. Das Mobile macht sich besonders schön über dem Bett oder am Fenster.

## Dichten wie ein Dichter

Ein Gedicht zum Thema Freundschaft – im Internet wird man schnell fündig – wird zunächst zweimal vorgelesen. Dann werden die Kinder angeregt, selbst ein Gedicht über Freundschaft zu schreiben, das mit der ersten Zeile des entsprechenden Gedichts beginnt und die Vorstellungen der Kinder über Freundschaft beschreibt.

### Wortcollage

Um mit Kindern zusammen eine Wortcollage zu kleben, braucht man eine alte Kinder- oder Erwachsenenzeitschrift, Papier, Klebstoff, Schere und Stifte. Die Kinder suchen darin nach Wörtern, die sie mit Freundschaft verbinden, schneiden sie aus und gestalten daraus eine Wortcollage. Selbstverständlich kann die Collage auch noch mit ein paar Zeichnungen, Bildern oder Aufklebern verziert werden. Anschließend setzen sich die Kinder zusammen und erzählen reihum anhand ihrer Collage, was sie jeweils mit Freundschaft verbinden.

### Briefe an das Sams

Wer kennt es nicht, das Sams? Es ist die Hauptfigur einer Kinderbuchreihe von Paul Maar. Man kann aber auch eine andere zentrale Figur aus einem Kinderbuch nehmen. Die Kinder schreiben dem Sams (alternativ: einer anderen Kinderbuchfigur) einen Brief. Die Briefe können anschließend vorgelesen werden oder man schickt die gesammelten Briefe an den Verlag – in Erwartung einer Antwort.

## Mut

### Interview

Die Kinder spielen Reporterinnen und Reporter: Ausgerüstet mit Papierblock und Stift ziehen sie los und befragen Personen ihrer Wahl: „Wann warst du einmal besonders mutig?" Die Antworten werden notiert, und anschließend kann man sich über die Ergebnisse austauschen.

### Mutprobe

Der kleine Dinosaurier Dido ist traurig. Er hat sich verlaufen und weiß nicht mehr, wo seine Familie ist. Auf der Suche nach seiner Mama und seinem Papa muss Dido drei Mutproben bestehen. Welche? Die Kinder erzählen dazu Geschichten. Größere Kinder schreiben sie danach selbst auf, bei kleineren Kindern übernimmt das ein Erwachsener.

## Wortcluster

Der Begriff Cluster kommt aus dem Englischen und heißt so viel wie Traube, Klumpen oder Bündel. Cluster bestehen aus vielen Einzelteilchen, die aber irgendwie zusammengehören. Ein Cluster kann man auch aus Wörtern bilden, zum Beispiel zu dem Wort „Mut": Welche Wörter fallen den Kindern ein, wenn sie an „Mut" denken? Dies können ruhig auch Begriffe sein, die auf den ersten Blick nichts mit Mut zu tun haben. Alle Wörter werden notiert. Anschließend kann anhand dieses Wortbündels eine Geschichte geschrieben werden. Dazu wählt oder lost man fünf Wörter aus, die dann alle in der Geschichte vorkommen müssen.

## Mut-Sätze

„Mut ist für mich ..." Alle überlegen kurz, wie sie diesen Satz vervollständigen würden. Die einzelnen Sätze werden gesammelt.

## Verwandle dich!

Für dieses Mal-Schreib-Spiel braucht man eine Tapetenrolle und Stifte. Ein Kind legt sich mit dem Rücken auf die Tapete, ein anderes Kind oder ein Erwachsener umkreist mit einem Stift die Konturen des Kindes. Jetzt heißt es: Verwandle dich! Das Kind überlegt, wer oder was es gerne sein möchte: vielleicht eine Königin, ein Polizist, Spiderman? Das Kind malt die Figur mit Buntstiften aus und schreibt auf, wer es nun ist und was es erlebt.

## Flaschenpost

Wir finden eine Flaschenpost! Was könnte in der Flaschenpost zu lesen sein? Die Kinder schreiben und malen ein Abenteuer auf.

## Vertrauen

### Schildkröte auf Reisen

Die Schildkröte Schlomo, die eigentlich Salomon heißt, wohnt im Haus eines kleinen Jungen. Als Schlomo aus dem Winterschlaf erwacht, stellt er erschrocken fest: Sein Freund ist weggezogen und es wohnen nun fremde Leute in dem Haus! Zunächst ist Schlomo ganz schön mulmig zumute, doch dann fasst er Vertrauen in sein eigenes Können: Schlomo beschließt, seinen Freund zu suchen, und begibt sich auf eine abenteuerliche Reise. Was erlebt er dabei? Das denken sich die Kinder aus.

### Akrostichon

Schon die alten Griechen schrieben Akrostichen und versteckten darin so manche geheime Botschaft. Man notiert zum Beispiel das Wort „Vertrauen" in Großbuchstaben senkrecht auf ein Blatt Papier. Jeder Buchstabe ist gleichzeitig der Anfangsbuchstabe eines neuen Begriffs oder Satzes, jeder sollte etwas mit dem Oberbegriff „Vertrauen" zu tun haben.

### Geschichte aus bestimmten Wörtern

Ein schöner Ort, zum Beispiel ein Garten oder ein Spielplatz, wird ausgesucht. Die Kinder notieren alles, was sie sehen: Wippe, Gießkanne, Grill, Entengatter, Apfelbaum, Feuerstelle ... Die Wörter werden ausgeschnitten und zu einem Kartenfächer zusammengesteckt. Verdeckt zieht jedes Kind ein Wort. Nun schreiben alle Kinder eine Geschichte, in der alle gezogenen Wörter vorkommen. Da ist Vertrauen in die eigene Fantasie gefragt! Die Kinder werden staunen, welch unterschiedliche Geschichten dabei entstehen.

### Kreistexte

Mehrere Kinder sitzen an einem Tisch, jedes Kind hat ein Blatt Papier vor sich. Aus einer Auswahl an Büchern nimmt sich jedes Kind ein Buch und schreibt daraus den ersten Satz ab. Dann werden die Blätter im Uhrzeigersinn an den Nachbarn oder die Nachbarin weitergereicht und das Geschichtenschreiben beginnt: Das nächste Kind spinnt die Geschichte mit ein bis drei Sätzen weiter. Eigene Ideen sind gefragt – es geht also nicht darum, die im Buch erzählte Geschichte wiederzugeben. Nach ein paar Runden werden die Geschichten vorgelesen.

### Fragen über Fragen

Auf einem größeren Blatt Papier wird in großen Buchstaben das Wort „Vertrauen" notiert. Dann werden die Kinder gefragt: „Kannst du sehen, welches Wort in dem Wort ‚Vertrauen' steckt?" Es ist das Wort „trauen", und das hat ganz viel mit Mut zu tun. Welche „Traue ich mich"-Fragen fallen den Kindern ein? Zwei Beispiele:

- Traue ich mich, vom Dreimeterbrett zu springen?
- Traue ich mich, die Lehrerin zu fragen, ob ich mich woanders hinsetzen darf?

### Gedichtautomat

Um einen Gedichtautomaten zu bauen, braucht man zwei Stühle und ein altes Bettlaken. Das Bettlaken bemalen die Kinder mit Wörtern und Bildern. Zwei Schlitze werden hineingeschnitten, der eine wird grün umrandet, der andere rot. Die Schlitze dienen später als Eingabe und Ausgabe. Das Laken über die beiden Stühle gelegt – fertig ist der Gedichtautomat. Ein Kind versteckt sich darunter, die anderen Kinder werfen in den Eingabeschlitz Zettel mit Wörtern ein, die sich reimen, wie „Haus" und „Maus", „Kater" und „Vater", „Liebe" und „Diebe". Das Kind „im Automaten" nimmt die Zettel entgegen und schreibt daraus ein kleines Gedicht. Aus dem Ausgabeschlitz wirft „der Automat" das fertige Gedicht aus.

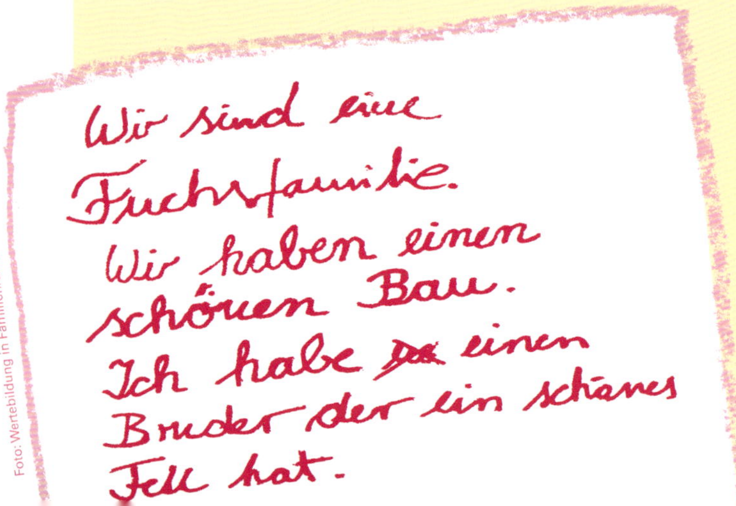


Foto: Wertebildung in Familien/DRK

## Liebe und andere Gefühle

### Liebesbriefe vom Pinguin

Der Pinguin ist nach Afrika gereist und zum ersten Mal in seinem Leben ganz weit weg von zu Hause. Er spürt große Sehnsucht nach seiner Freundin, der Robbe. Jedes Kind schreibt einen kleinen Liebesbrief, den der Pinguin der Robbe schickt.

### Gefühlsuhr

Welche Wörter gibt es, um Gefühle auszudrücken (zum Beispiel „traurig", „fröhlich", „müde", „unruhig"), und welche Farbe haben die einzelnen Gefühle? Das überlegen sich die Kinder beim Basteln ihrer persönlichen Gefühlsuhr. Aus einem Stück Pappe schneiden sie einen Kreis mit einem Durchmesser von etwa 15 Zentimetern aus. In die Mitte wird ein kleines Loch gestochen, und aus den Resten der Pappe schneidet man einen Zeiger. Anschließend schreiben die Kinder ihre Gefühlswörter als „Tortenstücke" mit unterschiedlichen Farben auf den Kreis. Eine Musterbeutelklammer fixiert den Zeiger auf dem Kreis. Jetzt kann man jeden Tag anzeigen, wie man sich fühlt.

### Wörter raten

Für dieses Ratespiel braucht man einen Duden, Papier und Stifte. Alle Kinder setzen sich um einen Tisch. Reihum sucht sich jedes Kind aus dem Duden ein Wort heraus, das es gerne mag (zum Beispiel „Gänseblümchen"), darf aber nicht verraten, welches. Nun schreibt man sein Wort auf ein Stück Papier und faltet den Zettel so, dass niemand das Wort lesen kann. Dann sollen die anderen Kinder das Wort erraten – sie dürfen aber nur Fragen stellen, auf die mit Ja oder Nein geantwortet werden kann.

### Lieblingswörter

Wir suchen Lieblingswörter. Jedes Kind überlegt, welches sein Lieblingswort ist. Dann kann es beschreiben, warum es das Wort schön findet. Ein Beispiel: „Mein Lieblingswort ist ‚papperlapapp', weil das Wort lang ist, lustig klingt und ganz viele P's darin vorkommen."

### Wort-Schatz

Interessante Wörter gesucht! Jedes Wort schreibt man auf ein kleines Blatt Papier, das zusammengefaltet wird. Alle Wortzettel wandern in ein Schatzkästchen, zum Beispiel eine schöne Schachtel oder ein bunt beklebtes Glas. Wenn Freunde zu Besuch kommen, kann man ein kleines Geschichtenspiel damit veranstalten: Eine Person zieht ein Wort aus der Kiste und sagt einen Satz, in dem das Wort vorkommt. Der oder die Nächste zieht ebenfalls ein Wort und muss die Episode mit einem entsprechenden Satz fortsetzen. Nach und nach entsteht eine spannende, lustige, nachdenkliche, märchenhafte Geschichte ...

## Gerechtigkeit

### Leine der gerechten Wörter

Welche Wörter fallen uns zum Thema Gerechtigkeit ein? Die Kinder notieren jedes Wort auf einen Zettel und malen jeweils ein kleines Bild dazu. Zum Schluss kann man alle Zettel mit Wäscheklammern an einer Schnur aufhängen.

### Buchstabenpuzzle

Wir sammeln Kieselsteine und malen mit Wasserfarben auf jeden Stein einen Buchstaben des Wortes „Gerechtigkeit“. Welche Wörter kann man aus diesen Buchstaben noch bilden (zum Beispiel „Tier“, „richtig“, „ich“). Wie viele Wörter werden gefunden?

### Was ist gerecht?

Jedes Kind schreibt elf Sätze auf, die mit den Worten „Gerecht ist für mich ...“ beginnen.

### Wort-Gedächtnisspiel

Aus Pappe oder dickem Papier schneidet man 24 oder mehr Quadrate (Zahl muss durch zwei teilbar sein) in der Größe vier mal vier Zentimeter aus. Daraus gestalten die Kinder Kartenpärchen: Sie schreiben auf eine Karte einen Begriff, zum Beispiel „Fisch", und malen auf die andere Karte das Bild dazu, in diesem Fall also einen Fisch. Dann kann das Gedächtnisspiel starten: Wer findet die meisten Paare?

### Lieder texten

Eine gerechtere Welt ist auch Thema vieler Lieder. Jedes Kind bringt einen Song mit, der mit Gerechtigkeit zu tun hat (zum Beispiel „Ein bisschen Frieden") und dichtet einen neuen Text, der zum Rhythmus des Liedes passt.

## Toleranz

### Neu in der Stadt

Die Kinder sollen sich vorstellen, sie kämen als einziges Kind ihrer Gruppe von der anderen Seite der Welt: Sie sind beispielsweise in Australien oder in der Wüste geboren und ihre Familien sind gerade nach Deutschland gezogen. Nun kommen sie in die neue Kita oder die neue Schule. Was erleben sie dort? Eine Geschichte hierzu wird erzählt.

### Auf Weltreise

Welche Länder kennen wir? Die Kinder erzählen von den Ländern, die sie schon kennen. Anschließend schreiben sie eine Geschichte, in der sie als ihr Lieblingstier eine Reise um die Welt unternehmen, viele Länder besuchen und einige Abenteuer erleben.

### Anders sein

Die Kinder notieren, was an ihren einzelnen Freundinnen und Freunden anders ist als bei ihnen selbst.

## Ungewöhnliche Vergleiche

„So glücklich wie ...?“ – „Eine Kuh auf einer grünen Alm!“ – nach diesem Muster gilt es angefangene Vergleichssätze zu ergänzen. Welche Vergleiche fallen den Kindern noch ein?

- So mutig wie ...
- So lieb wie ...
- So gefährlich wie ...
- So traurig wie ...

## Multikulti-Quartett

Die Kinder schneiden aus Pappe 32 Karten zu. Auf je vier Karten wird ein Motiv gemalt, zum Beispiel ein Flugzeug, ein Auto, ein Affe, ein Teddy ... Die Kinder suchen sich dann drei Personen, die noch eine andere Sprache sprechen als Deutsch. Vielleicht ist die Kinderschar ja multikulturell genug und die Sprachen können aus den eigenen Reihen kommen. Nun wird gesammelt, wie die Motive in den vier Sprachen heißen. Die Begriffe werden dann auf eine der gleichen Karten unter das Bild geschrieben. So kann beispielsweise das Quartett „Flugzeug“ aus dem deutschen, englischen, französischen und türkischen Wort bestehen: „Flugzeug“, „airplane“, „avion“, „uçak“.

## Lustige Ländernamen

Auf einem Globus schauen sich alle zusammen die Länder an. Welche Ländernamen klingen lustig? Jedes Kind sucht sich den Namen eines Landes aus und beschreibt, wie es seiner Vorstellung nach dort aussieht und was man in diesem Land machen könnte.

## Leporello

Die Kinder falten einen langen Papierstreifen so, dass gleich große Seiten entstehen. Auf die einzelnen Seiten schreiben und zeichnen sie eine erdachte Geschichte, die man nacheinander betrachten kann. Die Geschichte kann zum Beispiel von einem Drachen und einem Gespenst handeln, die sich auf einem Rummelplatz begegnen. Weil jeder etwas Besonderes kann und beide zusammenhalten, bestehen sie viele Abenteuer.

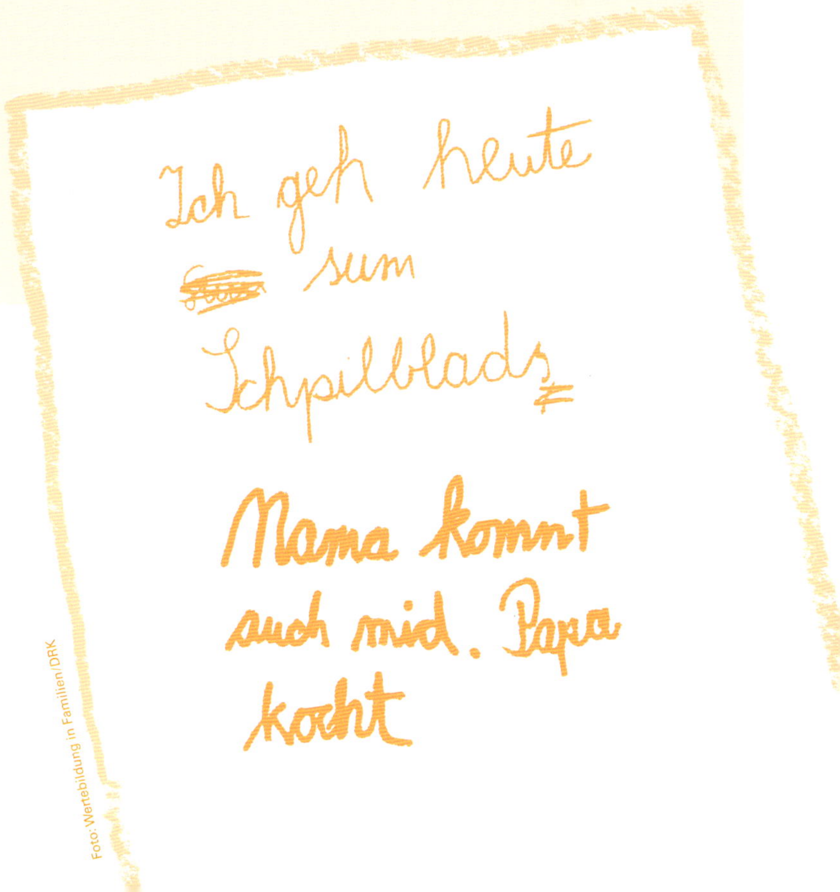


Foto: Wertebildung in Familien/DRK

## **Schreiben**: Eigene Ideen

# A | 4 Reimen, singen, rezitieren

Mit Sprache und Wörtern spielen gehört einfach zum Kindsein. Wir erinnern uns ein Leben lang an Kinderreime und Kinderlieder, die uns von klein auf vertraut sind. Reimen, Singen, Rezitieren zählen zu den schönen Ritualen, die wir gerne pflegen und mit Kindern fortführen.

Manches von dem, was frühere Generationen rezitiert haben, wird aktuell kritisch reflektiert. Seien es einzelne Wörter, die heute nicht mehr benutzt werden, oder sei es eine Perspektive, beispielsweise auf Kindererziehung, die sich verändert hat. Andere Lieder und Sprüche sind offenbar zeitlos, und wir singen sie unseren Kindern vor, wie sie uns vorgesungen wurden. Aber auch selbst etwas zu reimen, kann großen Spaß machen.

Reimen, Singen und Rezitieren bieten sich aus vielerlei Gründen für die Wertebildung an:

- Rituale und Wiederholungen beruhigen, weil sie verlässlich sind.
- Gemeinsame schöne Rituale – zum Beispiel das gemeinsame Aufsagen immer desselben Gedichts vor dem Essen oder dem Schlafengehen – stärken die Beziehung.
- Die Inhalte können Wertethemen direkt benennen, müssen es aber nicht. Auch hier gilt, dass gemeinsam verbrachte Zeit schon ein Wert an sich ist.
- Man muss das Rad nicht neu erfinden. Es gibt bereits so viele schöne, lustige, gute Reime, Sprüche, Gedichte und Lieder. Wer sucht, der wird fündig: in Kinderbüchern, Schulbüchern, Liederbüchern, im Internet ...

## Kinderreime

Das ist der Daumen,
der schüttelt die Pflaumen,
der hebt sie auf,
der trägt sie nach Haus,
und dieser kleine Schelm isst sie alle auf.

Ich und du,
Müllers Kuh –
Müllers Esel,
das bist du!

Morgens früh um sechs
kommt die kleine Hex.
Morgens früh um sieben
schabt sie gelbe Rüben.
Morgens früh um acht
wird Kaffee gemacht.
Morgens früh um neun
geht sie in die Scheun'.
Morgens früh um zehn
holt sie Holz und Spän'.
Feuert an um elf,
kocht dann bis um zwölf:
Fröschebein' und Krebs und Fisch,
hurtig, Kinder, kommt zu Tisch!

Ri-ra-rutsch, wir fahren mit der Kutsch.
Wir fahren mit der Schneckenpost,
weil sie keinen Pfennig kost'.
Ri-ra-rutsch, wir fahren mit der Kutsch.

Heile, heile Segen,
Drei Tage Regen,
Drei Tage Schnee,
Morgen tut es nicht mehr weh.

Es war einmal ein Mann,
der hatte einen Schwamm.
Der Schwamm war ihm zu nass,
da ging er auf die Gass'.
Die Gass' war ihm zu kalt,
da ging er in den Wald.
Der Wald war ihm zu grün,
da ging er nach Berlin.
Berlin war ihm zu voll,
da ging er nach Tirol.
Tirol war ihm zu klein,
da ging er wieder heim.
Daheim war's ihm zu nett,
da legt' er sich ins Bett.
Im Bett war eine Maus,
das machte ihm nichts aus.

# Gedichte und Balladen zum Schmunzeln und Nachdenken

## Die zwei Wurzeln

Zwei Tannenwurzeln groß und alt
unterhalten sich im Wald.

Was droben in den Wipfeln rauscht,
das wird hier unten ausgetauscht.

Ein altes Eichhorn sitzt dabei
und strickt wohl Strümpfe für die zwei.

Die eine sagt: knig. Die andre sagt: knag.
Das ist genug für einen Tag.

Christian Morgenstern

## Lügengedicht

Eine Kuh, die saß im Schwalbennest
mit sieben jungen Ziegen.
Sie feierten ihr Jubelfest
und fingen an zu fliegen.
Der Esel zog Pantoffeln an,
ist übers Haus geflogen.
Und wenn das nicht die Wahrheit ist,
so ist es doch gelogen.

Volksgut

## Die Feder

Ein Federchen flog über Land;
Ein Nilpferd schlummerte im Sand.
Die Feder sprach: „Ich will es wecken“,
Sie liebte, andere zu necken.
Aufs Nilpferd setzte sich die Feder
Und streichelte sein dickes Leder.
Das Nilpferd öffnete den Rachen
und mußte ungeheuer lachen.

Joachim Ringelnatz

## Die drei Spatzen

In einem leeren Haselstrauch,
da sitzen drei Spatzen, Bauch an Bauch.

Der Erich rechts und links der Franz
und mittendrin der freche Hans.

Sie haben die Augen zu, ganz zu,
und obendrüber, da schneit es, hu!

Sie rücken zusammen dicht an dicht,
so warm wie Hans hat’s niemand nicht.

Sie hör’n alle drei ihrer Herzlein Gepoch.
Und wenn sie nicht weg sind, so sitzen sie noch.

Christian Morgenstern

## Ick sitze hier und esse Klops ...

Ick sitze hier und esse Klops,
uff eenmal kloppt's.
Ick kieke, staune, wundre mir,
uff eenmal jeht se uff, die Tür.
Nanu, denk ick, ick denk: Nanu,
jetzt isse uff, erst war se zu.
Ick jehe raus und blicke,
und wer steht draußen? – Icke!

aus Berlin

## Schlummerlied

Schlaf, Kindlein, schlaf!
Es war einmal ein Schaf.

Das Schaf, das ward geschoren,
da hat das Schaf gefroren.

Da zog ein guter Mann
ihm seinen Mantel an.

Jetzt brauchts nicht mehr zu frieren,
kann froh herumspazieren.

Schlaf, Kindlein, schlaf!
Es war einmal ein Schaf.

Christian Morgenstern

## Einkehr

Bei einem Wirte wundermild,
da war ich jüngst zu Gaste;
ein goldner Apfel war sein Schild
an einem langen Aste.

Es war der gute Apfelbaum,
bei dem ich eingekehret;
mit süßer Kost und frischem Schaum
hat er mich wohl genähret.

Es kamen in sein grünes Haus
viel leichtbeschwingte Gäste;
sie sprangen frei und hielten Schmaus
und sangen auf das beste.

Ich fand ein Bett zu süßer Ruh
auf weichen, grünen Matten;
der Wirt, er deckte selbst mich zu
mit seinem kühlen Schatten.

Nun fragt' ich nach der Schuldigkeit,
da schüttelt' er den Wipfel.
Gesegnet sei er allezeit
von der Wurzel bis zum Gipfel!

Ludwig Uhland

## Herr von Ribbeck auf Ribbeck im Havelland

Herr von Ribbeck auf Ribbeck im Havelland,
Ein Birnbaum in seinem Garten stand,
Und kam die goldene Herbsteszeit
Und die Birnen leuchteten weit und breit,
Da stopfte, wenn's Mittag vom Turme scholl,
Der von Ribbeck sich beide Taschen voll,
Und kam in Pantinen ein Junge daher,
So rief er: „Junge, wiste 'ne Beer?"
Und kam ein Mädel, so rief er: „Lütt Dirn,
Kumm man röwer, ick hebb 'ne Birn."

So ging es viel Jahre, bis lobesam
Der von Ribbeck auf Ribbeck zu sterben kam.
Er fühlte sein Ende. 's war Herbsteszeit,
Wieder lachten die Birnen weit und breit;
Da sagte von Ribbeck: „Ich scheide nun ab.
Legt mir eine Birne mit ins Grab."
Und drei Tage drauf, aus dem Doppeldachhaus,
Trugen von Ribbeck sie hinaus,
Alle Bauern und Büdner mit Feiergesicht
Sangen „Jesus meine Zuversicht",
Und die Kinder klagten, das Herze schwer:
„He is dod nu. Wer giwt uns nu 'ne Beer?"

So klagten die Kinder. Das war nicht recht –
Ach, sie kannten den alten Ribbeck schlecht;
Der neue freilich, der knausert und spart,
Hält Park und Birnbaum strenge verwahrt.
Aber der alte, vorahnend schon
Und voll Mißtraun gegen den eigenen Sohn,
Der wußte genau, was damals er tat,

Als um eine Birn' ins Grab er bat,
Und im dritten Jahr aus dem stillen Haus
Ein Birnbaumsprößling sproßt heraus.

Und die Jahre gingen wohl auf und ab,
Längst wölbt sich ein Birnbaum über dem Grab,
Und in der goldenen Herbsteszeit
Leuchtet's wieder weit und breit.
Und kommt ein Jung' übern Kirchhof her,
So flüstert's im Baume: „Wiste 'ne Beer?"
Und kommt ein Mädel, so flüstert's: „Lütt Dirn,
Kumm man röwer, ick gew' di 'ne Birn."
So spendet Segen noch immer die Hand
Des von Ribbeck auf Ribbeck im Havelland.

Theodor Fontane

Viele weitere Gedichte findet man zum Beispiel auf *http://gedichte.xbib.de* oder auf *www.gedichte-bibliothek.de.*

# Lieder

## Good morning (Kanon)

Guten Morgen, guten Morgen!
Good morning, good morning!
Buenos dias, buenos dias!
Kalimera, kalimera!

## Froh zu sein bedarf es wenig (Kanon)

Froh zu sein bedarf es wenig,
und wer froh ist, ist ein König.

August Mühling

## Spannenlanger Hansel, nudeldicke Dirn

Spannenlanger Hansel, nudeldicke Dirn',
geh'n wir in den Garten, schütteln wir die Birn'.
Schüttel ich die großen, schüttelst du die klein'n,
wenn das Säckchen voll ist, geh'n wir wieder heim.

„Lauf doch nicht so eilig, spannenlanger Hans!
Ich verlier die Birnen und die Schuh noch ganz."
„Trägst ja nur die kleinen, nudeldicke Dirn,
und ich schlepp' den schweren Sack mit den großen Birn'n."

Volkslied

## Auf einem Baum ein Kuckuck saß

Auf einem Baum ein Kuckuck –
Sim sa la bim, bam ba, sa la du, sa la dim
Auf einem Baum ein Kuckuck saß.

Da kam ein junger Jäger –
Sim sa la bim, bam ba, sa la du, sa la dim
Da kam ein junger Jägersmann.

Der schoss den armen Kuckuck –
Sim sa la bim, bam ba, sa la du, sa la dim
Der schoss den armen Kuckuck tot.

Und als ein Jahr vergangen –
Sim sa la bim, bam ba, sa la du, sa la dim
Und als ein Jahr vergangen war.

Da war der Kuckuck wieder –
Sim sa la bim, bam ba, sa la du, sa la dim
Da war der Kuckuck wieder da.

Volkslied

## Auf unsrer Wiese gehet was

Auf unsrer Wiese gehet was,
Watet durch die Sümpfe,
Es hat ein weißes Röcklein an,
Trägt auch rote Strümpfe,
Fängt die Frösche, schwapp, wapp, wapp,
Klappert lustig, klapperdiklapp!
Wer kann es erraten?

Ihr denkt, es ist ein Klapperstorch,
Watet durch die Sümpfe,
Er hat ein weißes Röcklein an,
Trägt auch rote Strümpfe,
Fängt die Frösche, schwapp, wapp, wapp,
Klappert lustig, klapperdiklapp,
Nein – es ist Frau Störchin.

August Heinrich Hoffmann von Fallersleben

## Meine Oma fährt im Hühnerstall Motorrad

Meine Oma fährt im Hühnerstall Motorrad, Motorrad, Motorrad.
Meine Oma fährt im Hühnerstall Motorrad,
meine Oma ist 'ne ganz patente Frau!

2. Strophe: Meine Oma hat im hohlen Zahn ein Radio ...
3. Strophe: Meine Oma hat 'nen Nachttopf mit Beleuchtung ...
4. Strophe: Meine Oma hat Klosettpapier mit Blümchen ...
5. Strophe: Meine Oma hat 'ne Brille mit Gardine ...
6. Strophe: Meine Oma hat 'nen Petticoat aus Wellblech ...
7. Strophe: Meine Oma hat 'nen Handstock mit 'nem Rücklicht ...
8. Strophe: Meine Oma hat ein Waschbecken mit Sprungbrett ...

## Nehmt Abschied, Brüder

Nehmt Abschied, Brüder, ungewiss
ist alle Wiederkehr.
Die Zukunft liegt in Finsternis
und macht das Herz uns schwer.
Der Himmel wölbt sich übers Land,
Ade, auf Wiedersehn!
Wir ruhen all in Gottes Hand,
Lebt wohl, auf Wiedersehn.

Die Sonne sinkt, es steigt die Nacht,
vergangen ist der Tag.
Die Welt schläft ein, und leis erwacht
der Nachtigallen Schlag.
Der Himmel ...

So ist in jedem Anbeginn
das Ende nicht mehr weit.
Wir kommen her und gehen hin,
und mit uns geht die Zeit.
Der Himmel ...

Nehmt Abschied, Brüder, schließt den Kreis,
das Leben ist ein Spiel.
Und wer es recht zu spielen weiß,
gelangt ans große Ziel.
Der Himmel ...

Claus Ludwig Laue, nach Robert Burns Gedicht „Auld Lang Syne“

Unzählige weitere Lieder warten darauf, entdeckt und gemeinsam gesungen zu werden. Eine schöne Auswahl findet sich beispielsweise auf den Seiten *www.labbe.de/liederbaum, www.lieder-archiv.de* und *www.heilpaedagogik-info.de/kinderlieder.html.*

## Selber reimen

Reimen macht Spaß! Kleine gereimte Gedichte gelingen am besten, wenn man sich zuerst überlegt, welche Wörter sich auf ein bestimmtes Wort reimen.

- Wald: alt, kalt, bald ...
- Baum: Traum, Saum, Flaum, Raum ...
- Brief: schief, schlief, tief ...
- Maus: Haus, Laus, raus ...
- Ratte: Matte, Platte ...
- Tee: Fee, See, Schnee ...
- Fleck: Schreck, Dreck, weg ...
- Füße: Süße, Grüße ...
- Dach: Fach, Bach, schwach ...
- Rauch: Bauch, auch, Schlauch ...
- ...

Ein erstes eigenes Gedicht könnte dann so lauten:

Es ist Winter, es liegt ________
Wir trinken jetzt viel warmen _______
Aus dem Schornstein steigt der ________
Die Katz wärmt drinnen sich den ________

Wer lange über einen passenden Reim grübeln muss, dem hilft die Reimmaschine (*www.reimmaschine.de*) auf die Sprünge.

# Aphorismen, Zitate, Sprichwörter

Eins, zwei, drei im Sauseschritt
Läuft die Zeit, wir laufen mit.
Wilhelm Busch

Das Leben der Eltern ist das Buch, in dem die Kinder lesen.
Augustinus Aurelius

Kinder und Uhren dürfen nicht ständig aufgezogen werden.
Man muss sie auch mal gehen lassen.
Jean Paul

Erziehung ist Beispiel und Liebe, sonst nichts.
Friedrich Fröbel

Das Gras wächst nicht schneller, wenn man daran zieht.
Afrikanisches Sprichwort

Zwei Dinge sollen Kinder von ihren Eltern bekommen: Wurzeln und Flügel.
Johann Wolfgang von Goethe

Wir haben die Erde nicht von unseren Vätern geerbt, sondern
nur von unseren Kindern geborgt.
Indianische Weisheit

Es kommt darauf an, die Kinder zu verstehen und sie erkennend
lieben zu lernen.
Hermann Hesse

In 20 Jahren wirst du mehr enttäuscht sein über die Dinge,
die du nicht getan hast, als über die Dinge, die du getan hast.
Also löse die Knoten, laufe aus dem sicheren Hafen.
Erfasse die Passatwinde mit deinen Segeln. Erforsche. Träume.
Mark Twain

Foto: www.verb.de

Das Vergleichen ist das Ende des Glücks und der Anfang der Unzufriedenheit.
Søren Kierkegaard

Man kann ihren Verstand ansprechen – sie antworten uns; sprechen wir zu ihren Herzen – fühlen sie uns.
Janusz Korczak

Auch aus Steinen, die dir in den Weg gelegt werden, kannst du etwas Schönes bauen.
Erich Kästner

Wie wenig wir wissen, erkennen wir, wenn unsere Kinder anfangen zu fragen.
Afrikanische Weisheit

Ich höre und vergesse. Ich sehe und erinnere. Ich tue und verstehe.
Konfuzius

Es muss von Herzen kommen, was auf Herzen wirken soll.
Johann Wolfgang von Goethe

# Persönliche Gedichtfavoriten

# Persönliche Liedfavoriten

# A | 5 Sich selbst und andere besser kennenlernen

Wertebildung und Wertetransmission haben immer mit Beziehung zu tun – ganz gleich, ob die Beziehung nun zwischen Eltern und Kindern, zwischen Kindern und Erzieherinnen und Erziehern oder zwischen zwei oder mehreren Kindern besteht. Wen man nicht mag, dem möchte man nicht zuhören, von der möchte man eigentlich gar nichts lernen, die kann man einfach nicht so gut verstehen. Oder positiv formuliert: Wenn man einander gut kennt oder kennenlernt, versteht man eher, wie der/die andere tickt. Dies wiederum ist Grundlage für Vertrauen und Geborgenheit. Je geborgener und vertrauter Kinder sich in ihren Beziehungen fühlen, umso sicherer gehen sie durchs Leben.

Wie gut kennt man einander eigentlich? So gut, wie man dachte? Oder sogar besser? Wer kennt wen besser? Das können sich alle großen und kleinen Leute fragen: zwei oder mehrere Kinder, Eltern und Kinder, Kinder und Erzieherinnen und Erzieher ... Dieses Kapitel gibt einige Anregungen dafür. Die Fragen kann man sich gegenseitig stellen oder auch erst einmal für sich selbst beantworten. Man kann überlegen, was wohl der/die andere antworten würde, und dies dann mit den tatsächlichen Antworten vergleichen.

**Zwei Dinge gilt es bei Kennenlernspielen besonders zu beachten:**

- Alles ist freiwillig! Alle geben nur das von sich preis, was sie wirklich preisgeben möchten!
- Die Fragen müssen immer der Beziehung angemessen sein, in der die Teilnehmenden zueinander stehen.

Kennenlernspiele lassen sich nach Belieben anpassen, abwandeln und weiterentwickeln – je nachdem, was man gerade von seinem Gegenüber erfahren möchte. Auch hier sind der Kreativität keine Grenzen gesetzt. Einen kleinen Vorgeschmack geben die aufgeführten Ideen.

### Schon mal gemacht?

- Auf einen sehr hohen Berg geklettert
- In einem anderen Land gewohnt
- Eine Kuh gemolken und die frische Milch getrunken
- Ein neues Rezept erfunden
- In einem Chor gesungen
- ...

### Wie wäre es ...

- ... mit einem Heißluftballon zu fliegen?
- ... zu tauchen und Fische zu sehen?
- ... Löwen, Elefanten und Tiger in der Natur zu beobachten?
- ... eine fremde Sprache zu lernen?
- ... Musik zu machen und auf einer großen Bühne aufzutreten?
- ...

### Kurz nachgedacht und aufgeschrieben

- Manchmal einfach für sich sein ist ...
- In der Sonne liegen und nichts tun ist ...
- Sport machen ist ...
- Nudeln mit Tomatensoße sind ...
- Hunde sind ...

- Tanzen ist ...
- Die Farbe Blau ist ...
- Regen ist ...
- Mein Spitzname ist ...
- ...

**Das interessiert mich/ die anderen/niemanden ...**

- Bären
- Bäume
- Wolken
- Natur
- Wetter
- Piraten
- Fische
- Pflanzen
- Sterne
- Bücher
- ...

**Das tut gut, wenn man traurig ist**

- Ein Lieblingslied hören
- Etwas Leckeres essen
- Rad fahren
- Kuscheln
- Mit einem Stofftier knuddeln
- Spüren, dass jemand einen mag
- Kakao trinken
- ...

## Ein kleiner Steckbrief

Damit kann mir jemand eine Freude machen:

Das würde ich am liebsten jeden Tag machen:

Das finde ich gut an der/dem anderen:

Das gefällt mir an mir selbst:

Das nervt andere, aber mich nicht:

...

## Was wäre, wenn ...

... man plötzlich ein Mädchen/Junge wäre? Oder der/die andere?
... man vor 100 Jahren gelebt hätte? Oder der/die andere?
... man eine andere Hautfarbe hätte? Oder der/die andere?
... man ganz neu in diesem Land wäre? Oder der/die andere?
... andere über einen Witze machen? Oder über den/die andere/-n?

## Noch mehr Fragen

Es gibt noch viele, viele Möglichkeiten, was sich zwei, die sich kennenlernen wollen, fragen können:

- Was findest du im Leben schön?
- Was wünschst du dir vor mir?
- Was kannst du besser als ich?

# Sich selbst und andere besser kennenlernen:
## Eigene Ideen

# A | 6 Das könnte man mal machen – jetzt, heute, morgen!

Ob im Alltag, am Wochenende oder in den Ferien: Etwas zusammen unternehmen kann man nur, wenn alle sich Zeit dafür nehmen. Gerade im Alltag von Familien ist das oft gar nicht so einfach, weil alle ihre Termine haben – Kita, Schule, Arbeit, Musikunterricht, Sportverein, Freunde … Manchmal fehlt einfach die Zeit oder auch eine gute Idee. Dabei genügt es schon, achtsam zu sein, gewohnte Handlungen abzuwandeln, mal etwas ander(e)s zu machen als sonst. Es muss nicht immer ein kostspieliger Ausflug sein. Man kann zum Beispiel auch einfach mal einen anderen Weg zur Kita oder zur Arbeit gehen, eine Busstation früher aussteigen und zusammen ein Stück laufen, in den Straßen mal nach oben schauen und zählen, wie viele Stockwerke die Häuser haben. Oder man kann etwas machen, was man sich schon lange vorgenommen, aber aus Zeitgründen noch nicht gemacht hat. Kindern und Erwachsenen wird hier noch vieles mehr einfallen.

**Gemeinsame kleine und große Unternehmungen haben viel mit Werten zu tun:**

- Gemeinsame Aktivitäten stärken die Beziehung zwischen den beteiligten Personen.
- Sich zusammen Zeit zu nehmen, ist bereits ein Wert an sich.
- Etwas Neues auszuprobieren oder eine Routine zu durchbrechen, öffnet den Blick für die vielen Möglichkeiten, die man in jedem Moment seines Lebens hat.

Die nachfolgenden Vorschläge für größere und auch ganz kleine gemeinsame Aktivitäten lassen sich in den unterschiedlichsten Kontexten verwirklichen: in der Arbeit mit Eltern und Kindern, aber auch von Eltern zu Hause. Die Ideen sind nur ein winziger Bruchteil schier endloser Möglichkeiten und sollen die Fantasie und Achtsamkeit anregen ...

## Was man mal (wieder) machen könnte

- In einem Buch aufschreiben und malen, was man zusammen erlebt hat
- Pflanzen (Bäume, Blumen, Gräser) und Tiere (Waldvögel, Schmetterlinge, Käfer) bestimmen lernen
- Kräuter sammeln
- Ein Bild zusammen malen oder auch alleine
- Radio hören
- Basteln
- Ein Gedicht oder eine Geschichte schreiben
- Gemeinsam kochen
- Sich gegenseitig fotografieren und eine Familien- und Freunde-Ecke einrichten
- Tannenzapfen sammeln
- Schnecken, Regenwürmer, Vögel, Hunde, Katzen beobachten
- Auf einer Lichtung im Wald ganz still warten, ob sich ein Reh blicken lässt
- Ein Picknick veranstalten
- Eine Postkarte an Oma und Opa schicken
- Sich verkleiden, vielleicht auch sich gegenseitig verkleiden
- Muscheln oder Steine sammeln und sie bemalen oder etwas damit bekleben
- Sich gegenseitig frisieren und schön machen

- Irgendwohin fahren, wo man noch nie war (in der Nähe!)
- Ein Tier (zum Beispiel Kuh, Schaf, Ziege) besuchen und es mit Gras füttern
- Enten füttern und zählen
- Obst kaufen und daraus zusammen Marmelade kochen (zum Beispiel ein neues Marmeladenrezept ausprobieren)
- Etwas tun, was man noch nie zusammen gemacht hat
- Sich etwas erzählen, was man sich noch nie erzählt hat
- Auf einen Spielplatz gehen, den man noch nicht kennt
- Im Atlas oder auf dem Globus auf irgendeine Stelle tippen und eine Geschichte dazu erfinden
- Eine Bibliothek besuchen und vielleicht eine Führung dort mitmachen

- Im Garten grillen und in einem Zelt übernachten
- Gemeinsam auf Nachtwanderung gehen
- Zusammen angeln gehen oder Angler fragen, wie Angeln eigentlich geht
- Abends im Licht Schattenspiele an der Wand spielen
- Zusammen Scherenschnitte anfertigen
- Origami lernen
- Etwas selber machen, was man sonst kauft (Senf, Brot, Wolle, Pullover)
- Etwas nähen
- Sich auf etwas konzentrieren, das man sonst nicht beachtet
- Über einen längeren Zeitraum immer dasselbe Motiv fotografieren und die Veränderungen beobachten (zum Beispiel einen Baum im Wechsel der Jahreszeiten)
- Sich gegenseitig loben: An dir gefällt mir, dass ...
- Das Familienalbum und Bilder von Oma und Opa anschauen: Wo komme ich her, woher kommen wir?
- Mal nichts machen, einfach zusammen sein, sich vielleicht sogar mal zusammen langweilen
- Etwas pflanzen oder säen
- Gemeinsam das gleiche Buch lesen
- Zusammen einen neuen Sport ausprobieren
- Einen spontanen Ausflug machen – an die Nordsee, die Ostsee, irgendeinen See oder ganz woandershin
- Fische in einem Aquarium beobachten
- Ein Spielzeug für ein Haustier basteln
- Die Wohnung, das Kinderzimmer umräumen
- Den Wohnort neu entdecken: Gibt es ein Gebiet, wo man noch nicht zusammen war?
- Ein Museum, einen Aussichtspunkt, einen Park besuchen, wo man schon immer mal gemeinsam hinwollte
- Ein gemeinsames Lieblingsrestaurant (kann auch ein Imbiss sein) finden und dort die Speisekarte hoch- und runteressen oder immer das gleiche leckere Gericht bestellen
- Sich Blumen schenken

- Zusammen etwas aus Schrott bauen
- Einer Pflanze, einem Baum, dem eigenen Bett, dem Auto gemeinsam einen Namen geben
- Zusammen still sein und auf die Umgebungsgeräusche lauschen
- Einander sagen, bei welcher Musik man immer an die anderen denken muss
- Eine Tierfährte finden und ihr folgen
- Ein Lied auf einem Grashalm pfeifen
- Einen Zaubertrick einstudieren
- Topflappen häkeln für Onkel oder Papa

## Und darüber könnte man mal (wieder) reden

- Zufriedenheit
- Mut
- Hilfsbereitschaft
- Verlässlichkeit
- Geduld
- Verantwortung
- Ökologisches und nachhaltiges Handeln
- Achtsamkeit
- Respekt vor anderen Menschen
- Verzeihen und Versöhnen
- Selbstdisziplin
- Ausdauer
- Freundschaft
- Vertrauen
- Teilen/Geben
- Dankbarkeit
- Gerechtigkeit
- Toleranz
- Gewaltlosigkeit
- Kooperation
- Konzentration
- Solidarität
- Identität
- Gesundheit
- Freiheit
- Selbermachen
- Kreativität
- Freude
- Zuhören

# Das könnte man mal machen – jetzt, heute, morgen:
## Eigene Ideen

# Platz für Ihre Notizen

# Die Gastautorinnen

**Johanna Möller** studierte Architektur an der Technischen Universität Berlin und arbeitete in verschiedenen Architekturbüros in New York und Berlin. Seit 2013 ist sie Partnerin des Malsalons in Berlin, der verschiedene Malveranstaltungen für Kinder und Erwachsene organisiert. 2015 erschien das Buch „Malen wie die Meister" im frechverlag.

**Franziska Henning** ist stellvertretende Vorsitzende des Vereins Die kleinen Denker. Philosophieren mit Kindern e. V., philosophiert seit 2009 freiberuflich mit Kindern. Sie studierte Philosophie, Germanistik und Byzantinistik und absolvierte eine Zusatzausbildung zur Literaturpädagogin.

**Barbara Tauber** arbeitet als freie Journalistin und als Dozentin in der Erzieherausbildung. Die studierte Soziologin und Sozialpsychologin leitet seit 2006 die Schreibwerkstatt ManuSkriptur in Caputh nahe Potsdam. Sie gibt Workshops für Eltern und Kinder zur Stärkung der eigenen Persönlichkeit und der Beziehungen zueinander.

## Anmerkungen

**1** Freese, Hans-Ludwig: Kinder sind Philosophen. Weinheim 1989, S. 22.

**2** Vgl. ebd, S. 62.

# B

# Fragen zum Fachbuch „Werte und Wertebildung“* und Zusatzmaterialien zur Wertereflexion

* Deutsches Rotes Kreuz e. V., Projektteam Wertebildung in Familien (Annegret Erbes, Charlotte Giese, Heribert Rollik) (Hrsg.) (2013): Werte und Wertebildung in Familien, Bildungsinstitutionen, Kooperationen. Beiträge aus Theorie und Praxis. Berlin. Download unter *www.wertebildunginfamilien.de*.

# B | 1 Fragen zum Fachbuch

## Wertetransmission als Aufgabe der Familie

Margit Stein

Wertetransmission
Werte
Familie
Erziehungsarten
Erziehungsstile

1. Familie ist die erste und wichtigste Instanz der Wertetransmission. Welche Folgerungen ergeben sich daraus auf gesellschaftlicher Ebene?
2. Wie könnte man den Begriff Werte definieren und ihn von zwei oft synonym gebrauchten Begriffen (zum Beispiel Normen, Konventionen, Ethik) abgrenzen?
3. Wie könnte man den Begriff Familie definieren und was ist bei der Definition zu beachten?
4. Welche Erziehungsarten und Erziehungsstile lassen sich nach Stein grob differenzieren und in welchem Zusammenhang stehen diese zur Transmission von Werten in Familien? Anders gefragt: Worauf kommt es in der Erziehung an?
5. Welche Folgerungen ergeben sich daraus für die professionelle Arbeit mit Familien und Eltern (beispielsweise für Erzieherinnen und Erzieher oder Fachkräfte in der Familienbildung)?
6. Wertebildung – Werteerziehung – Wertetransmission – Wertevermittlung: Wie geeignet sind die unterschiedlichen Begriffe, um den Prozess zu beschreiben? Welche Vor- und Nachteile sind mit der Verwendung der unterschiedlichen Begriffe verbunden?

## Wertebildung in Jugendarbeit, Peergroup und Schule

Wilfried Schubarth

Wertebildung
Jugendarbeit
Peergroup
Schule
Qualität

1. Schubarth stellt die Komplexität wertebildender Prozesse bei Kindern und Jugendlichen anhand des Strukturmodells der Sozialisationsbedingungen (Hurrelmann) dar. Empfohlen wird ein systemischer Ansatz, der Eltern und institutionelle Akteure zusammenführt. Wie könnte dieser Ansatz aussehen?
2. „Jugendarbeit ist im Prinzip per se Wertebildung, da gute Pädagogik immer wertebildend wirkt." (S. 27)
   Welche Probleme ergeben sich aus Schubarths Setzung, wenn man insbesondere wertebildende Prozesse in den Blick nehmen will?
3. Wie können demnach wertebildende Prozesse insbesondere in der Jugendarbeit unterstützt werden?
4. Wertebildende Prozesse finden insbesondere auch in Peergroups statt. Wie wird Peer-Learning in pädagogische Kontexte eingebunden und was sind die Voraussetzungen für das Gelingen?
5. Welche Potenziale birgt Peer-Learning und welche positiven Effekte sind zu erwarten? Worin könnten mögliche Nachteile oder unerwünschte Effekte bestehen?
6. Was ist unter direkten und indirekten Formen von Wertebildung in Schulen zu verstehen? Welches Modell verspricht bestmögliche Effekte?
7. Wie können insbesondere benachteiligte Kinder und Jugendliche erreicht und eingebunden werden?

## Die Grundschule als ein Ort grundlegender Wertebildung

Jutta Standop

Grundschule
Erziehung
Bildung
Wertebildung
Schulkultur
Unterricht
Beziehungen
Kooperation Schule – Elternhaus

1. In welchem Zusammenhang stehen Erziehung, Bildung und Wertebildung?
2. Wie charakterisiert Standop die Perspektiven schulischer Wertebildung? Wie argumentiert sie?
3. „Wenn die Lehrkraft an ihre Schülerinnen und Schüler glaubt, ihnen zutraut, dass sie Verantwortung übernehmen, sich an sinnvolle Regeln halten, bestimmte Leistungen erbringen sowie sich selbst Ziele setzen und sich mit ihnen identifizieren, dann werden die Schülerinnen und Schüler diese Einstellung auch gegenüber anderen Kindern einnehmen." (S. 49)
   Welche Konsequenzen und Perspektiven ergeben sich aus dieser Aussage?
4. Wie können Unterricht, Beziehungsqualität und Kooperation mit den Eltern im Sinne einer wertebildenden Schulkultur zusammenwirken?
5. Worin bestehen die Potenziale einer gelingenden Kooperation zwischen Schule und Eltern und wie kann erfolgreiche Kooperation leichter gelingen?
6. Wie können insbesondere benachteiligte Eltern besser erreicht und eingebunden werden?
7. Wie hängen Schulkultur in der Grundschule und Wertebildung in der Grundschule zusammen?

## „Ich bin meine Didaktik" – Handlungstheoretische Ansätze einer wertesensibilisierenden pädagogischen Praxis in der Familienbildung

Annegret Erbes

Wertebildung
Familienbildung
Wertesensibilisierende Praxis der Familienbildung
Angebote für Familien
Kooperation

**Handlungstheoretisches Modell einer wertesensibilisierenden Familienbildung**

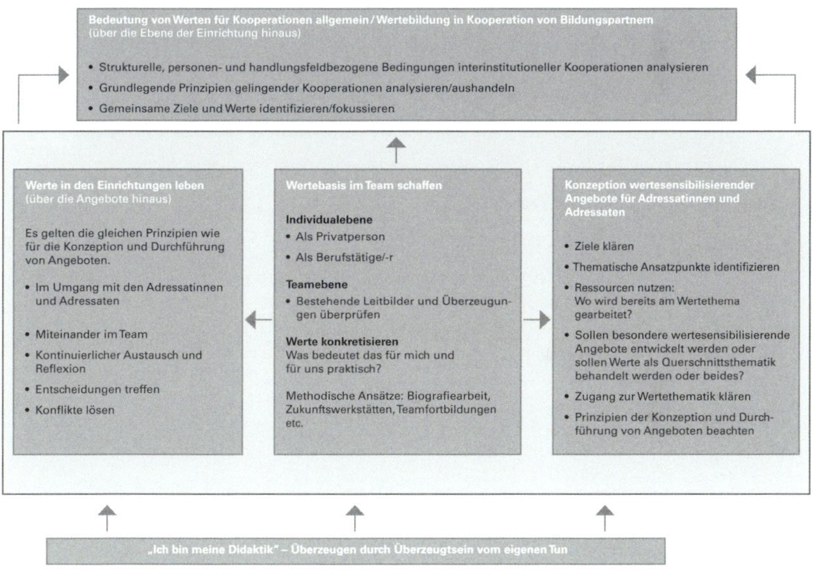


1. Was macht die Entwicklung einer explizit wertesensibilisierenden Praxis zu einer besonderen Herausforderung?
2. Was bedeutet der Satz „Ich bin meine Didaktik"?
3. Auf welchen Säulen ruht eine explizit wertesensibilisierende Praxis in Bildungsinstitutionen?
4. Wieso ist Wertebildung ein kooperatives Projekt von Bildungsinstitutionen und Eltern?
5. Wie kann Wertebildung in Kooperation noch besser gelingen?

## Didaktische Implikationen für wertesensibilisierende pädagogische Arbeit unter konstruktivistischer Perspektive am Beispiel der im Projekt „Wertebildung in Familien“ entwickelten Angebote der Familienbildung (Angebotsmanual)

Michael Otten

Didaktik
Konstruktivismus
Gemäßigter Konstruktivismus
Lernkulturen
Erwachsenenbildung

1. Wie könnte man den Begriff Didaktik definieren?
2. Wie hängen Didaktik und Konstruktivismus zusammen?
3. Welche zentralen Leitlinien konstruktivistischer Theorien fasst Otten zusammen? Welche Konsequenzen lassen sich daraus für wertebildende Prozesse ableiten?
4. Was zeichnet echte Lernkulturen aus?
5. Welche pädagogischen Arrangements sind für wertesensibilisierende Prozesse förderlich?
6. Was davon ist insbesondere in der Arbeit mit Erwachsenen wichtig?

## Väterarbeit in der Familienbildung – Eckpunkte wertesensibilisierender Arbeit mit Vätern

Annegret Erbes

Väterarbeit
Väterforschung
Geschlecht
Wertebildung durch Väterarbeit

1. Wie kann man Väter erreichen? Sind zu Vätern besondere Zugänge erforderlich? Wenn ja, warum ist das so und wie könnten diese Zugänge aussehen?
2. Welche Potenziale birgt die Arbeit mit Vätern?
3. Welche Schwerpunkte lassen sich in der Väterforschung voneinander abgrenzen und was sind die jeweiligen wesentlichen Ergebnisse?
4. Welche Rolle spielt Väterarbeit in der Familienbildung?
5. „Der Wert der väterlichen Erziehung ist es, dass der Vater sein Kind erzieht und versorgt und so Kind, Familie und Gesellschaft zeigt, dass dies normal und selbstverständlich ist für einen Mann." (S. 127)
   Ist dieser Aussage zuzustimmen oder gibt es auch Kritikpunkte?
6. Gibt es mögliche Ansätze zu einer Arbeit mit gewaltbereiten Vätern? Wenn ja, wie könnten diese aussehen?

## Familienbildung in Zusammenarbeit mit Eltern, Kindertageseinrichtungen und Schulen

Adelheid Smolka

Rahmenbedingungen der Familienbildung
Leitorientierungen
Kooperationen
Eltern
Schule
Kita

1. Wie könnte man die Rahmenbedingungen und Leitorientierungen der Familienbildung umreißen?
2. Welche Potenziale, aber auch welche Probleme ergeben sich daraus?
3. Warum werden Eltern aus der Perspektive der Familienbildung als „Koproduzenten" bezeichnet? Von welchen Bedingungen hängen gelingende Prozesse ab?
4. Was sind die Potenziale einer engeren Kooperation von Familienbildung und Kindertagesstätten?
5. Wie sieht es aus mit der Kooperation zwischen Familienbildung und Schule? Wie könnte auch diese Zusammenarbeit unterstützt werden?
6. Warum sind diese Kooperationen aus Sicht der Familienbildung sinnvoll, an welche Voraussetzungen sind sie geknüpft und wie können Kooperationen unterstützt werden?

## Werteerziehung: Eine Aufgabe für Schule und Familie

Klaus Zierer / Lukas Otterspeer

Lawrence Kohlberg
Georg Lind
Modell
Ansätze der Werteerziehung
Kooperation
Wertequadrat
Dilemmadiskussion

1. Welches beispielhafte moralische Urteil lässt sich den sechs Stufen moralischer Urteilsfähigkeit nach Kohlberg jeweils zuordnen? Mit welcher Begründung?
2. Zierer und Otterspeer unterscheiden drei Ansätze der Werteerziehung. Was sind jeweils die charakteristischen Merkmale sowie die Vor- und Nachteile?
3. Was ist unter dem integrativen Ansatz von Zierer und Tellings zu verstehen? Hat dieser Ansatz Stärken und Schwächen und wenn ja, welche?
4. Zur Diskussion: „Soll Werteerziehung langfristige Bildungsprozesse initiieren, ist eine Zusammenarbeit zwischen den Bildungspartnern notwendig." (S. 163)
5. Zierer und Otterspeer schlagen eine Kooperation zwischen Schule und Elternhaus über drei Stufen vor. Hat dieser Ansatz Stärken und Schwächen und wenn ja, welche?
6. Zur Diskussion: Eignen sich das Wertequadrat von Schulz von Thun und/oder Dilemmadiskussionen, um Sichtweisen zu präzisieren und eigene Perspektiven zu erweitern?

## Die Zusammenarbeit von Eltern und Kita-Personal aus der Sicht der Fortbildung

Karin Garske

Gesellschaftlicher Zusammenhalt
Selbstbindung an Werte
Wertebildung in der Kita
Spannungsfeld der Werte
Erweitertes Selbstverständnis von Kitas

1. Wie können verschiedene Ansätze moralischer Entwicklung und moralischer Motivation beschrieben werden und wo liegen die wesentlichen Unterschiede?
2. Kindertagesstätten haben den gesetzlichen Auftrag, Werte zu vermitteln. Welche Spannungsfelder lotet Garske hierzu aus und welche entsprechenden Handlungsmöglichkeiten bestehen?
3. „Die traditionelle kleinkindliche Orientierung auf die Lebensphase der Kinder sollte sich verschieben zugunsten der Perspektive, Kinder als ganzheitliche Individuen, also unter Berücksichtigung ihrer Familien und deren Lebenskontexte und Wertvorstellungen, zu sehen. Gefordert sind ein verstärkt systemischer Blick und eine starke Initiative seitens der Kindertagesstätte, um die Kleinkindpädagogik gemeinsam mit den Eltern und entsprechend den verschiedenen Bedürfnissen und Möglichkeiten von Familie zu gestalten." (S. 181)
   Was bedeutet dies für die Praxis und von welchen Faktoren hängt ein Erfolg ab?
4. „Für eine wertebewusste Pädagogik in Kindertagesstätten birgt die Konzeptionsentwicklung als Prozess vermutlich das größte Potenzial. Es bleibt allerdings in vielen Fällen ungenutzt." (S. 183)
   Was könnten die Gründe dafür sein und welche Perspektiven ließen sich aufzeigen?
5. „Wichtig ist es, dass die Bindungspersonen authentisch, sich also ihrer eigenen Werte bewusst sind, denn Kinder lesen Werte an den Handlungen ihrer Mitmenschen ab." (S. 183)
   Wie merkt man an sich selbst, ob man authentisch ist?

## Wertebildung als gemeinsame Aufgabe von Eltern und Kindertagesstätten. Die Perspektive der Ausbildung

Anne Wihstutz

UN-Kinderrechtskonvention
Selbstreflexion
Reflexion im Team
Konzeptentwicklung
Kooperation mit Eltern

1. Welche Artikel der UN-Kinderrechtskonvention stehen in besonders engem Zusammenhang mit Wertebildung in Kindertagesstätten?
2. „Um das Kind in seinem Prozess der Weltaneignung und der Entwicklung seines Selbstbildes in dieser Welt bestmöglich unterstützen zu können, ist der Austausch über und das Interesse an der Beschaffenheit der jeweils anderen Lebenswelt des Kindes (hier Kindertagesstätte, dort Familie) grundlegend." (S. 199)
   Was kann diese Kooperation unterstützen und was kann sie schwierig machen?
3. „Sämtliche pädagogischen Bemühungen haben wenig Erfolgsaussichten, wenn sie gegen den elterlichen Willen gerichtet sind." (S. 199)
   Stimmt das? Und was bedeutet dies für die Arbeit in der Kita?
4. Wie könnte eine engere Kooperation zwischen Kita und Familienbildung die Zusammenarbeit mit den Eltern unterstützen?
5. Wie könnte eine niedrigschwellige Elternarbeit in der Kita aussehen, zum Beispiel wenn sie insbesondere benachteiligte Eltern erreichen soll?

## Zur Bedeutung von Werten für interindividuelle, intra-, inter- und transinstitutionelle Kooperationen in pädagogischen Handlungsfeldern

Jutta Mägdefrau / Felicitas Söhner

Kooperation
Institutionelle Kooperationen mit Eltern
Interinstitutionelle Kooperationen
Wertesensible Kooperation
Kooperationsmodelle

1. Wie könnte man den Begriff Kooperation definieren?
2. Welche Faktoren fördern und welche behindern Kooperationen zwischen Eltern, Familienbildung, Schule und Kita?
3. Thesen zur Reflexion und Diskussion:
   - „Das Gelingen von Kooperation zwischen verschiedenen am Erziehungs- und Bildungsprozess von Kindern beteiligten Personen und Institutionen ist abhängig davon, ob und wie zu Beginn pädagogische Werte, inhaltliche Ziele, strukturelle Grenzen und pädagogisches Mandat formuliert und diskutiert werden." (These 1, S. 221)
   - „Grundlegendes Element einer erfolgreichen Kooperation zwischen den Institutionen Eltern, Kindertagesstätte, Schule und Familienbildung ist ein langfristig angelegter und kontinuierlicher inhaltlicher, organisatorischer und ideeller Austausch." (These 2, S. 221)
   - „Voraussetzung für gelingende Kooperation sind übereinstimmende Werte, die nicht nur Leitbild einer Einrichtung sind, sondern tatsächlich auch gelebt werden und insofern auch Kooperationen tragen. Wertereflexionen klären die gemeinsame Wertebasis." (These 3, S. 222)
   - „Kooperation kann nur gelingen, wenn sie als gemeinsames Leitbild verstanden wird und als solches die Arbeitskultur der beteiligten Institutionen tief berührt und von diesen auch gepflegt wird. Dazu gehört die interne und externe strukturelle Absicherung von Kooperation." (These 4, S. 223)

## Vom Wert der Werte in der Lebensführung: Andere Kulturen – andere Werte?

Haci Halil Uslucan

Kultur
Interkulturalität
Wertedivergenz
Migration
Interkultureller Vergleich

1. Was ist unter Interkulturalität zu verstehen?
2. Welche besonderen Herausforderungen ergeben sich für eine wertesensibilisierende pädagogische Praxis aus einem interkulturellen Umfeld?
3. „Eine wertfreie Interaktion zwischen Eltern und Kindern kann es kaum geben: Jede familiäre Interaktion beinhaltet stets auch eine Unterweisung in die Ordnung einer spezifischen Gemeinschaft." (S. 249)
   Was bedeutet dies in einem interkulturellen Kontext? Und welche Konsequenzen ergeben sich daraus für die Familienbildung?
4. Zu welchen Ergebnissen kommt Uslucan in seiner Untersuchung zum interkulturellen Vergleich am Beispiel türkeistämmiger Zuwanderinnen und Zuwanderer? Was bedeuten seine Resultate bezogen auf die alltagstheoretische These der Wertedivergenz?
5. „Gerade Eltern der zweiten oder dritten Zuwanderergeneration sehen sich in der Situation, ihren Kindern eine (eigen-)kulturelle Sozialisation und (eigen-)kulturelle Werte vermitteln zu müssen, dies aber vor dem Hintergrund eines Verständnisses der eigenen Kultur, die für sie selbst nicht ganz klar erkennbar ist und in der sie nicht ganz zu Hause sind." (S. 256)
   Welche Konsequenzen ergeben sich daraus?

## „Vorurteilsbewusste" Bildung und Erziehung: Handlungsperspektiven des Anti-Bias-Ansatzes im familiären Kontext

Daniela Steenkamp

Vorurteile und Vorurteilsbildung bei Kindern
Vorurteilsbewusstsein
Anti-Bias-Ansatz
Vorurteilsbewusste Erziehung
Innerfamiliäre vorurteilsbewusste Lernräume

1. Wie vollzieht sich der Prozess der Vorurteilsbildung bei Kindern? Wie kann diesen Prozessen entgegengewirkt werden?
2. Was ist der Anti-Bias-Ansatz und welchen Beitrag leistet er, um Vorurteilen bei Kindern entgegenzuwirken?
3. Wie könnten Eltern dies im Familienleben umsetzen?
4. „Vorurteilsbewusste Bildung erfordert zunächst vorurteilsbewusste Erwachsene." (S. 269 f.)
   Aber: Wie kann man sich seiner Vorurteile bewusst werden?
5. Was sollte bei der Nutzung der Begriffe „vorurteilsbewusst" und „vorurteilsfrei" jeweils bedacht werden?
6. Steenkamp beschließt ihren Beitrag mit einem Zitat von Alice Walker: „Sei dir der Gegenwart bewusst, die du schaffst, es sollte die Zukunft sein, die du willst."
   Tun wir das?
7. Haben Vorurteile eine Funktion? Wenn ja: Sind sie deshalb positiv? Wenn nein: Wie kann man sich seiner Vorurteile bewusst werden und sie ablegen?

## Forschungsstand zur christlichen Erziehung in der Familie

Albert Biesinger / Simone Hiller / Andreas Stehle

Religiöse Erziehung in Familien
Werteerziehung und religiöse Erziehung
Unterstützung der Eltern

1. Welchen Stellenwert nimmt religiöse Erziehung im Vergleich zu anderen Erziehungszielen ein und was könnten die Gründe dafür sein?
2. Welche Rolle nehmen die Eltern in der religiösen Erziehung ein und wie ist der Zusammenhang zur „Werteerziehung"?
3. An welchen Kriterien messen Biesinger, Hiller und Stehle das Gelingen religiöser Erziehung in Familien?
4. In welcher Beziehung stehen religiöse Erziehung in Familien und kirchliche Sozialisation?
5. Was bezeichnet Hans Joas im Anschluss an William James als „Erfahrung der Selbsttranszendenz" (S. 282)?
6. Was ist mit dem Begriff „Familientheologie" (S. 282 f.) gemeint?
7. Wie können Eltern in Aspekten religiöser Erziehung unterstützt werden?

## Das Wertekonzept in der Psychologie und die Wertetheorie nach Shalom H. Schwartz

Tobias Gollan

Psychologische Werteforschung
Facetten des Wertebegriffs
Circumplex-Modell

1. Was ist gemeint, wenn Werte als das „‚Schweizer Taschenmesser' unter den sozialwissenschaftlichen Konstrukten" (S. 288 f.) bezeichnet werden?
2. An welche Grenzen stößt die Theoriebildung bei der Bestimmung dessen, was Werte im Gegensatz zu anderen Konstrukten sind?
3. Welche Facetten des Wertebegriffs lassen sich theoretisch differenzieren?
4. Von welchen Wertetypen geht Schwartz aus? Welche Beispiele für motivationale Inhalte gibt es?
5. Wie funktioniert das Circumplexmodell von Schwartz? Welche Annahmen liegen ihm zugrunde?
6. Zwei Personen können unter Berufung auf den gleichen Wert trotzdem zu gegensätzlichen Handlungen/Deutungen dieses Wertes kommen. Wenn dies so ist – wieso sind dann gemeinsame Werte überhaupt wichtig und welche sozialen Kohäsionskräfte können sie entfalten?

# B | 2 Impulse für die Wertereflexion

Obgleich die Themen Werte und Wertebildung in vielerlei Hinsicht sehr kontrovers diskutiert werden können, besteht in einem Punkt Konsens: Werte müssen authentisch vorgelebt werden. Authentizität ist der wesentliche Parameter erfolgreicher Wertebildung, dies gilt gleichermaßen für persönliche wie für professionelle Kontexte.

In der Konsequenz bedeutet das: Werte müssen reflektiert werden. Insbesondere wer in Kita, Schule oder Familienbildung für Werte sensibilisieren will, sollte also bei sich selbst beginnen. „Eine an Werten orientierte Erziehung und Bildung von Kindern setzt voraus, dass die pädagogischen Fachkräfte ihre pädagogische Arbeit an Werten ausrichten und sich dieser bewusst sind. Folglich sind sie in der Pflicht, sich ihre eigenen Werte und deren Rangordnung bewusst zu machen", betont Wihstutz (mit Bezug auf Laewen) für den Bereich Kindertagesstätten (S. 193). Aussagen von Praktikerinnen und Praktikern des Projekts „Wertebildung in Familien" weisen aus der Perspektive der Familienbildung in die gleiche Richtung: „‚[Ü]berzeugend bin ich nur, wenn ich selbst überzeugt bin und damit [...] auch einen Automatismus habe. [...] Ich bin meine Didaktik'." (Erbes, S. 84)

Im Rahmen des Projekts „Wertebildung in Familien" wurden vielfältige Tools entwickelt, um in erster Linie Eltern dabei zu unterstützen, Klarheit über die Werte zu gewinnen, die ihrer Meinung nach für Erziehung und Zusammenleben wichtig sind. Diese im Angebotsmanual auf der Projekthomepage *www.wertebildunginfamilien.de/praxis* veröffentlichten Werkzeuge sind mit einigen Abwandlungen jedoch auch sehr gut geeignet, um Wertereflexionen bei Fachkräften auf Individual- und Teamebene zu unterstützen. Im Folgenden werden einige Beispiele herausgegriffen. Ergänzt werden sie von weiteren methodischen Ansätzen, die laut Zierer und Otterspeer reflexive Prozesse rund um die Wertethematik fördern können. Alle Leserinnen und Leser sind eingeladen, sich von der Projektwebsite und vom Fachbuch zu eigenen Ideen inspirieren zu lassen.

## Mögliche Ausgangspunkte für persönliche Wertereflexionen

### Lebensbaum

Entwickelt vom ehemaligen Projektstandort Saarland, ursprünglich für Eltern; vgl. auch Übung „Kompetenzbaum" des ehemaligen Projektstandorts Hessen.

Man zeichnet auf einen Papierbogen einen Baum mit Wurzeln, Stamm und Ästen. In der anschließenden Einzelarbeitsphase werden anhand der Zeichnung zunächst folgende persönliche Fragen beantwortet:

- Wurzeln: Woher komme ich? Was sind meine Wurzeln? Was habe ich mitbekommen? Welche Ereignisse haben mich entscheidend geprägt?
- Stamm: Welche Überzeugungen, Normen und Wertvorstellungen habe ich von diesen Wurzeln mitbekommen?
- Äste: Mit welchen gesellschaftlichen Gruppen fühle ich mich momentan verbunden? Welche Gruppen haben aktuell Einfluss auf mein Leben? Was ist positiv/negativ daran, zu diesen Gruppen zu gehören? Oder: Wie wirkt dies in meinen Beruf hinein? Gibt es bei mir Divergenzen zwischen privaten und beruflichen Werthaltungen?

Wer möchte, kann seine Ergebnisse im Team vorstellen. Eine Diskussion über unterschiedliche Wertvorstellungen und die Auswirkungen auf das berufliche Leben kann sich anschließen.

### Weitere mögliche Ausgangspunkte

- Was verstehe ich eigentlich unter Werten und welche Bedeutung haben sie für mich?
- Welche Sprichwörter und Redensarten waren bei uns zu Hause wichtig?
- Was wollten meine Eltern mir bewusst mitgeben? Was haben sie mir mitgegeben? Welche Bedeutung hat dies in meinem Berufsleben?

# Mögliche Ausgangspunkte für Wertereflexionen auf Teamebene

## Platzwechsel

Entwickelt vom ehemaligen Projektstandort Nordrhein-Westfalen, ursprünglich für Großeltern.

Es gibt einen Stuhlkreis, in dem ein Stuhl fehlt. Die moderierende Person steht und sagt: „Wer, wie ich, ... [hier wird ein Wert oder eine Haltung eingesetzt] sehr wichtig findet, wechselt den Platz." Während einige den Platz wechseln, versucht sie einen frei gewordenen Stuhl zu besetzen. Die Person, die ohne Stuhl übrig bleibt, macht weiter und sagt: „Wer, wie ich, ... sehr wichtig findet, wechselt den Platz."

Die Übung bringt viel Bewegung in die Gruppe. Der rasche Wechsel fördert Assoziationen und spontane Selbstaussagen. Der Platzwechsel macht sichtbar, welche Personen sich von welchen Aussagen angesprochen fühlen, so wird auch die Interaktion zwischen den Teilnehmenden angeregt. Dazu gibt der spielerische Charakter dieser Übung dem Geschehen eine große Leichtigkeit.

## Wertebarometer

Entwickelt vom ehemaligen Projektstandort Saarland, ursprünglich für Eltern; vgl. auch Übung „Wutbarometer" des ehemaligen Projektstandorts Sachsen.

Die Teilnehmerinnen und Teilnehmer bringen Fotos, Postkarten und andere Dinge mit, die bestimmte für sie wichtige Werte repräsentieren. Mithilfe eines im Raum ausgelegten Seils erstellt die Gruppe ein gemeinsames Wertebarometer. Die Bilder werden von den Teilnehmenden jeweils ausgewählt und einem Wert zugeordnet, dann werden die jeweiligen Begriffe am Wertebarometer positioniert, je nach Wichtigkeit des Wertes für die gesamte Gruppe. Unterschiedliche Positionen müssen ausgehandelt werden. Die Teilnehmenden kommen mit dieser Übung sehr schnell in die Diskussion darüber, welche Werte ihnen wichtig sind. Sie spüren, dass es möglich ist, gemeinsame Werte auszuhandeln.

## Bodenzeitung

Entwickelt vom ehemaligen Projektstandort Bayern, ursprünglich für Eltern und Familien.

Auf ein circa vier Quadratmeter großes Plakat wird unter der Überschrift „Was ist uns wichtig?" eine Tabelle mit drei Spalten und sechs Zeilen (es können jedoch auch mehr sein) gemalt. In die erste Zeile trägt man sechs Werte ein. Nun wird das Plakat auf dem Boden ausgebreitet. In der mittleren Spalte können die Teilnehmenden mit Klebepunkten bewerten, wie wichtig ihnen der jeweilige Wert ist. In die dritte Spalte können sie Symbole für den jeweiligen Wert malen. Es können auch Symbole für die Werte aufgemalt und diese gemeinsam gedeutet und mit Klebepunkten bewertet werden (beispielsweise eine Waage als Symbol für den Wert Gerechtigkeit).

## Wertequadrat und Dilemmadiskussion

Zierer und Otterspeer schlagen zur Schärfung der persönlichen Wertvorstellungen das Wertequadrat nach Friedemann Schulz von Thun sowie die Dilemmadiskussion vor (S. 164–167). Beide Übungen sind sehr gut dazu geeignet, Werthaltungen auf Teamebene zu reflektieren und zu präzisieren.

Beim Wertequadrat geht es darum, einzelne Werte in verschiedenen Dimensionen zu erfassen, wie Zierer und Otterspeer am Beispiel Sparsamkeit zeigen:

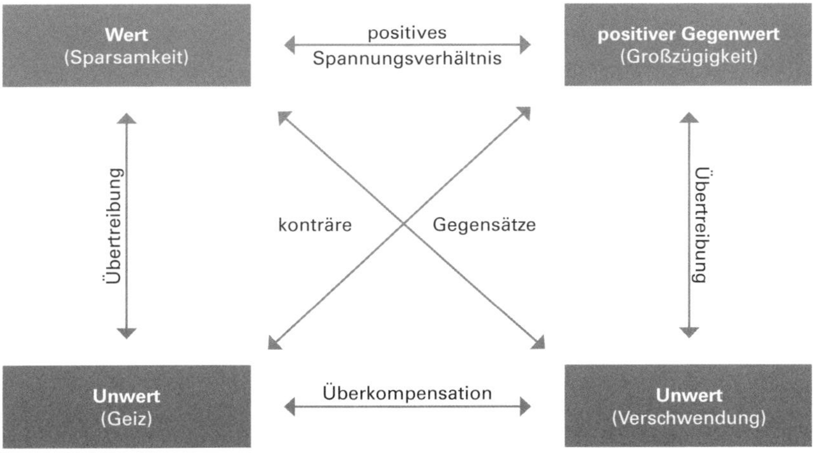


Bei einer Dilemmadiskussion diskutieren die Teilnehmenden einen bestimmten Fall oder eine bestimmte Geschichte (es kann, muss sich aber nicht um einen realen Fall aus ihrer Praxis handeln). Dabei halten sie folgende fünf Schritte ein:

- Der Fall oder die Geschichte
- Erste Standortbestimmung und Einschätzung
- Diskussion von Pro- und Kontraargumentationen in Gruppen
- Zweite Standortbestimmung und Einschätzung
- Reflexion

Alle aufgezeigten Ideen sind lediglich als mögliche Ausgangspunkte für Wertereflexionen gedacht und sollen dazu anregen, eigene Ansätze zu entwickeln.

## Platz für Ihre Notizen

**Impressum**

**Werte und Wertebildung in Familien, Bildungsinstitutionen, Kooperationen**
Ein Inspirations- und Arbeitsbuch

**Herausgeber**
Deutsches Rotes Kreuz e. V.
Projektteam „Wertebildung in Familien":
Dr. Annegret Erbes, Dr. Charlotte Giese, Heribert Rollik
Carstennstraße 58
12205 Berlin
www.drk.de

**Konzeption und Redaktion**
Dr. Annegret Erbes

**Texte**
Dr. Annegret Erbes
Johanna Möller (A | 1: Malen, S. 16–27)
Franziska Henning (A | 2: Philosophieren, S. 28–41)
Barbara Tauber (A | 3: Schreiben, S. 42–57)

**Lektorat**
Dr. Katja Furthmann, Kleinmachnow

**Grafik und Layout**
Verb, Agentur für Kommunikationsdesign GmbH, Berlin

**Druck**
LASERLINE Digitales Druckzentrum
Bucec & Co. Berlin KG



ISBN 978-3-00-051716-7